Eurus

Notus

奴隷船の世界史

布留川正博
Masahiro Furugawa

Boreas

Zephyrus

岩波新書
1789

はじめに――ロビンソン・クルーソーの奴隷貿易

『ロビンソン・クルーソー』(一七一九年)といえば、読書経験のある方も多いだろう。ここであらためて説明するまでもないが、カリブ海に浮かぶ絶海の孤島に漂着し、そこで何十年にもわたって、自分の時間を合理的に配分し、さまざまな植物や動物を育て、母国イギリスに帰る船が来る夢を抱き続ける、刻苦艱難のストーリーである。

作者のダニエル・デフォーは、一六六〇年頃にロンドンで生まれ、一七三一年に亡くなっているが、小説ではロビンソン・クルーソーの生まれを一六三二年に設定している。ロビンソンの父は、ブレーメン生まれの外国人で、貿易商人であった。その後、イギリス北東部ヨークシャー地方の港町ハルに住みつき、さらにそこから内陸のヨークに移った。この時点で父は商売をやめ、この町の名望家出身の母と結婚した。ロビンソンはヨークで生まれたというわけである。

じつは、このロビンソン・クルーソー物語には、孤島に漂着するまでの前段がある。そしてそれが、当時のイギリス、ひいてはヨーロッパ世界を取り巻く状況を見事なまでに描き出しているのである。本書のプロローグにふさわしい話を、少し詳しくみてみよう。

ロビンソンには二人の兄がいた。上の兄は、イギリスの陸軍中佐で、ダンケルク近くでのスペイン軍との戦闘で戦死していた。下の兄についてはまったく消息知れずであった。父は三男坊のロビンソンにひととおりの教育を与え、法律家にするつもりでいた。しかし、当のロビンソンは、父の願いに反して船乗りになりたいとの思いを強くしていた。すなわち、彼には海外へ雄飛したいという思いが日に日に募っていったのである。父とはその将来をめぐって衝突を繰り返していた。父の言い分は、「お前の身分は中くらいで」「人間の幸福には最適の身分なので」「外国に行って一旗揚げる」なんて考えは愚の骨頂である、というものであった。

しかし、ロビンソン・クルーソーは、父の反対を押し切って、一六五一年にハルからロンドンに出帆するという船に乗り込んだ。しかし、彼を乗せたその船は、ノーフォークのヤーマス錨地で逆風のため停泊せざるをえなかった。風が猛烈な嵐に変わり、この船は沈没してしまったため、陸路でロンドンまで行くことになった。

そしてロビンソンは、今度はロンドンからアフリカ沿岸向けの船に乗った。その船の船長は以前、ギニアで大もうけしたとかで、再度ギニアに行こうとしていたのである。彼は船長と懇意になり、金額にして四〇ポンドほどの玩具や雑貨類を買いこんで船に積み込み、アフリカ沿岸で砂金と交換した。それをロンドンに持ちかえると、三〇〇ポンド近くで売ることができた。

このギニア航海は成功だったわけである。それだけでなく、航海を通じて彼は、航海術の実践や商売のやり方を学んだ。

さらにロビンソンは再度同じ船に乗り込んで、前回と同様に取引でもうけようとした。しかし、先の船長はすでに亡くなり、航海士であった人が新しい船長になっていた。今回は不運が待ちかまえていた。カナリア諸島に向かう途中でサリー(現モロッコのサレ港)を根拠地にするトルコの海賊船に襲われたのである。反撃したものの結局降伏し、生き残った乗組員は捕虜としてサリーに連行され、ロビンソン自身は、海賊船の船長個人の奴隷にされてしまった。家内奴隷として、船長の家で彼の身のまわりの世話をしたのである。そして二年の月日が流れていく。

ロビンソンはこの間、奴隷の身分から逃れたい一心であった。そしてついにチャンスが訪れる。やや大きめの帆のついた釣り用ボートを操り、沖合に出ることができたのである。ジューリという名の少年奴隷と一緒であった。何日間か、サリーから離れて海岸沿いに南下していった。

食料と飲料水が底をつきはじめていたので、人影が見えた海岸近くに停泊し、現地人にジェスチャーで食べ物が欲しいことを伝えた。彼らは海岸に乾肉と穀物を置いて、遠方に退いた。ロビンソンはこれを受け取って、お返しをしなければと考えた。たまたま一頭の豹を銃で仕留めたので、これを提供することにした。ただし、豹の毛皮は自分のものにした。彼らに豹の肉を与えると、さらに多くの食料および飲料水を持ってきてくれたのである。このやりとりは文化人類学でいう一種の「沈黙交易」だったといえる。

ロビンソンはさらに何日も南下を続けた。すると左にヴェルデ岬、右にヴェルデ岬諸島が見えた(図1-2参照)。しばらくして、一緒に行動していたジューリが遠方に帆船を発見した。その船はポルトガル船であることがわかった。彼らのボートはその船に懸命に追いつこうとしたが、離されるばかりであった。しかし、ポルトガル船の方がこちらを発見したらしく、速度を緩めた。こうしてロビンソンとジューリは救われたのである。

このポルトガル船はブラジルに向けての航行途中で、二二日かかってブラジル北東部のバイアに到着した(巻頭地図参照)。当時ここにポルトガルのブラジル総督府がおかれていた。船長はロビンソンに対して、船賃などを何ら要求しないだけでなく、ボートをもらう代わりにスペイン銀貨八〇ペソをロビンソンに支払ってくれた。少年奴隷ジューリはこの船長のもとで働きたいと希望したので、船長と話しあって、ジューリがキリスト教徒になるなら一〇年後に自由の身にするという条件で、彼を船長に譲った。船長は豹皮その他の物品も買い取ってくれたので、ロビンソンは結局スペイン銀貨二二〇ペソを受け取り、これを元手にブラジルで生活することになった。

船長はさらに、現地で砂糖プランテーションを営む人物をロビンソンに紹介してくれた。彼はこの人のもとでしばらく厄介になり、製糖法などを学んだ結果、ここブラジルの地で経営者の仲間入りを果たしたいと強く思うようになった。そして自分の土地を手に入れ、二年間ほど自給のための耕作を続けたが、三年目からはタバコの栽培を始めた。

その次に、隣に住むポルトガル人の友人と相談して、サトウキビ栽培のための土地を準備した。この間、ロンドンに預けてあった資金一〇〇ポンドその他を使って、農園経営のための道具、鉄製品、農具、それからイギリス製の布地、毛織物などをロンドンから送ってもらった。この労をとってくれたのは先のポルトガル船の船長であった。これだけではなく、この船長は気を利かせて六年年季の奉公人も連れてきてくれた。イギリス製品はブラジルで高く売れたので、これを元手にロビンソンは黒人奴隷を一人買い、さらにヨーロッパ出身の年季奉公人を一人雇った。タバコの栽培も軌道に乗り、順風満帆のようにみえた。

しかし、ブラジル在住も四年たった頃、バイアのプランター三人からある提案がロビンソンに持ちこまれた。それは、この地で払底している黒人奴隷を購入するために、水先案内人としてギニアに行ってもらえないかということであった。それ以前に、彼はこうした人々にアフリカでの取引経験を話していたのである。

ロビンソンは、自分には費用負担がないこと、黒人奴隷貿易が成功した場合にはその分け前がもらえるという条件などを考慮して、この提案を引き受けることにした。さまざまな準備をして、一六五九年九月一日にバイアのサルヴァドル港を出帆した。奇しくも八年前、両親の反対を押しきってハル港を出帆したのと同じ日であった。一二〇トンの船で、砲六門、乗組員は船長とその給仕、ロビンソンのほかに一四人であった。船には奴隷と交換用の品物、ビーズ、ガラス製品、貝殻製品、鏡、小刀、鋏、手斧などが積み込まれていた。

船は最初、海岸に沿って北に進路をとった。約一二日後に赤道を越え、さらに北東の方向をめざした。しばらくして最初の暴風に襲われた。一二日間たてつづけに暴風に追われて、ロビンソンは船が沈没するのではないかと何度も思った。この間、乗組員の一人が熱射病で死に、一人の乗組員と少年給仕が波にさらわれた。船はかなり西に流されていて、南アメリカのギアナ沿岸かオリノコ川の河口に近いところに来ていた。船は相当に損傷を受けており、修理するためにめざした針路は、カリブ海諸島(西インド諸島)のバルバドス島であった。しかし、しばらくして第二の大暴風に襲われたのである。

船は西の方向に流され、突然浅瀬に乗りあげた。船に積んであったボートを下ろして、それに全員が乗り込んだ。陸地に向かって懸命にオールを漕いだが、「怒り狂った大波」がボートの背後から襲い、ボートは転覆した。ロビンソンは、たくさんの海水を飲んだものの海岸までたどりつくことができた。しかし、助かったのは自分ひとりだけであることを知った。座礁した船ははるか彼方に見えた。――ここからは、よく知られている孤島での生活が始まる。

以上のストーリーを踏まえて、いくつかの歴史的背景を確認しておきたい。

第一に、反対を押しきっても海外に雄飛したいと望むロビンソン・クルーソーの強烈な欲求についてである。彼自身が明確に語っているわけではないが、海外植民地の開発や外国との貿易の一端を担うことによって富を得ることが可能になるような時代背景があり、彼は暗黙のうちにそれを強く感じていたのであろう。

現実の歴史においても、一七世紀半ばまでにイギリスは、北米ヴァージニアに植民地を築き、カリブ海にも進出していた。一六二七年のバルバドス島に続き、一六五五年にはジャマイカも植民地化している。しかし、海外貿易には競争相手が存在し、リスクはつきものであった。ロンドンからの二回目の航海の際にトルコの海賊に襲われ、奴隷にされたことは、これを物語っている。イスラーム世界においても奴隷制は遍在していたからである。

第二に、ロビンソンはポルトガル船に救われてブラジルに行っているが、これも当時のイギリスとポルトガルとの友好関係を背景としている。一六世紀の終わりから一七世紀にかけて、ブラジルは「砂糖の時代」に入っており、奴隷制砂糖プランテーションが栄えていた。そして、副次的にタバコ栽培も行われていた。後者の方は、資金が少なくても始めることのできた農園経営であった。ロビンソンは、自給的穀物栽培からタバコ栽培へ、そしてさらにサトウキビ栽培へとプランテーションを拡張しようとした際に、奴隷労働力が必要になり、奴隷貿易のためにアフリカに向かった。そして、ここでも苦難が待ちかまえていたのである。
デフォーはこうしたリアルな歴史的背景を踏まえて、『ロビンソン・クルーソー』の物語を作ったことがわかる。

これから詳しく述べていくように、大西洋奴隷貿易は、一五世紀半ばからポルトガル商人が先駆者となり、一七世紀になるとカリブ海諸島を含む南北アメリカの植民地開発のための必須の要素になっていた。ポルトガルに続いてオランダが奴隷貿易に参画し、さらに一七世紀後半になるとイギリスやフランスでも奴隷貿易のための独占会社が設立された。次の一八世紀は、奴隷貿易の最盛期であった。そして、この貿易を担ったのが奴隷船である。一八世紀には、奴隷貿易のための専用船が大西洋を往き来していたのである。

本書においては以下の章で、奴隷船を主題として、大西洋奴隷貿易をめぐる世界史をたどる。また、現代の奴隷制の様相や今なお残る人種差別の問題にも切りこんでいきたい。

第1章の「近代世界と奴隷貿易」ではまず、トリニダード出身の歴史家であり、政治家でもあったエリック・ウィリアムズの主著『資本主義と奴隷制』をとりあげ、近代の資本主義発展に不可欠な存在として奴隷制があり、それを支えていたのが奴隷貿易であったことを示す。また、大航海時代の先駆者であったポルトガルが東周りで「インディアス」(インド亜大陸およびそれ以東の東南アジア、中国、日本を含む)に向かう際にアフリカを南下し、各地に貿易拠点を設けた。その副産物として奴隷貿易が始まったことを明らかにする。

近年、奴隷貿易に従事した船舶のデータベースが公開されるようになった。その数は、約四〇〇年間に三万五〇〇〇件以上という膨大な数になっている。本書ではこのデータベースをできるだけ活用したい。また、新世界最大の植民地を形成したスペインは、その開発のための労働力を必要としたが、奴隷労働の調達は一九世紀を除いてほとんど他国の貿易業者に任せた。この制度が「アシエント」である。

第2章の「奴隷船を動かした者たち」では、奴隷船そのものの構造にまず着目する。アフリカから新世界までの道のり――「中間航路《ミドル・パッセージ》」という――をできるだけ速く航行でき、多くの奴隷を詰め込むことができ、しかも損失を少なくできる条件を兼ね備えた奴隷船とは、どのようなものであったのか。奴隷船とはまさに「移動する監獄」であり、船上では常に奴隷叛乱の危険性をともなっていた。また、奴隷がアフリカの各地でどのように獲得されたのか、奴隷船のなかで奴隷自身がどのような経験をしたのかを問いたい。

奴隷船を実際に運用していたのは、船長と乗組員、水夫たちであった。奴隷船上では船長は独裁的な権限をふるい、水夫を「奴隷のように」使役していた。他方で、奴隷に対しては、船上でのさまざまな危険に備えて船長と水夫は協同して対峙していた。

最後に奴隷商人とは、ヨーロッパの各地のいわゆる奴隷貿易港にいて、奴隷貿易全体を統括し、それに投資した資本家である。彼らは地元では裕福な名望家であった。また、新世界の各地で奴隷を購入する際に振り出された手形を引き受けたのは本国のエージェントであった。奴隷船を取り巻くそうした人々についても述べていきたい。

第3章の「奴隷貿易廃止への道」では、奴隷貿易廃止に先鞭をつけたイギリスを中心に、廃止運動の主体になった人々や勢力に焦点をあてる。まず、一七七二年に下されたサマーセット事件判決を通して、在英黒人問題を考える。また、一七八七年に結成されたロンドン・アボリション・コミティーの中心勢力となったクウェイカー教徒および英国国教会福音主義派の果たした役割を考える。それは、草の根の請願署名運動と議会でのロビー活動とが結びついたものであった。一方、ヨーロッパ大陸ではフランス革命が進行しており、それと連動してカリブ海の仏領サン・ドマング(ハイチ)で大規模な奴隷叛乱・革命が起こった。

一八〇七年のイギリスでの奴隷貿易廃止に続いて、翌年アメリカ合衆国でも奴隷貿易が廃止された。その後、イギリス政府は他国の奴隷貿易活動を制圧するために外交的・軍事的圧力をかけた。一九世紀最大の奴隷輸入地域はブラジルとキューバであった。とくにブラジルは一九世紀の奴隷輸入の約六割を占めた。キューバへの奴隷輸入に関連して一八三九年に奴隷船アミスタッド号で奴隷叛乱が起きた。この事件をめぐって、アメリカ政府とスペイン政府の奴隷貿易や奴隷制に対する姿勢が問われることになった。

奴隷貿易が廃止されたあとも奴隷制は続いていた。英領西インドでは砂糖プランテーションが、アメリカ合衆国南部では綿花プランテーションが、ブラジル南東部ではコーヒープランテーションが、栄えていた。第4章「長き道のり——奴隷制廃止から現代へ」では、それぞれの奴隷制プランテーションの実態と、廃止へと向かう歴史的動向を比較史的に扱う。奴隷制が廃止され、奴隷身分から解放されたとしても、彼ら・彼女らはそれぞれの社会の最底辺層を形成し、今日まで差別されてきた。

また、奴隷制が廃止されたとしてもプランテーションは続いていくので、アメリカは別として、英領西インドやブラジルでは奴隷に代わる労働力として大量の移民が導入された。一八八八年のブラジルにおける奴隷制廃止で世界の奴隷制はなくなったかにみえたが、それは生き残って、現代でも存在している。現代の奴隷制の特徴は、もっとも弱い立場の女性や子どもに集中していることである。その実態も最後におさえておきたい。

目次

作図=前田茂実

(エルティス／リチャードソン『環大西洋奴隷貿易歴史地図』地図6を参考に作成)

ボストン
ニューポート
ニューヨーク
ヴァージニア
サウスカロライナ
ジョージア
ミシシッピ
チャールストン
ニューオリンズ
大西洋
ナッソー
キューバ
プエルト・リコ
ベラ・クルス
ジャマイカ
カリブ海
ポルト・ベリョ
カルタヘナ
カラカス
ギアナ(ガイアナ)
デメララ
スリナム
マラニャン
ペルナンブコ
レシフェ
ブラジル
バイア
ミナス・ジェライス
リオ・デ・ジャネイロ
ブエノス・アイレス
ハバナ
バハマ諸島
キューバ
エスパニョーラ島
ル・カップ
プエルト・リコ
モンテゴ・ベイ
ジャマイカ
キングストン
サン・ドマング(ハイチ)
サント・ドミンゴ
シント・ユースタティウス島
セント・キッツ島
アンティグア島
モントセラト島
グアドループ島
ドミニカ島
セント・クロイ島
マルティニーク島
セント・ルシア島
カリブ海
クラサオ島
バルバドス島
トバコ島
カルタヘナ
カラカス
トリニダード島
0 1000 2000 km

第1章
近代世界と奴隷貿易

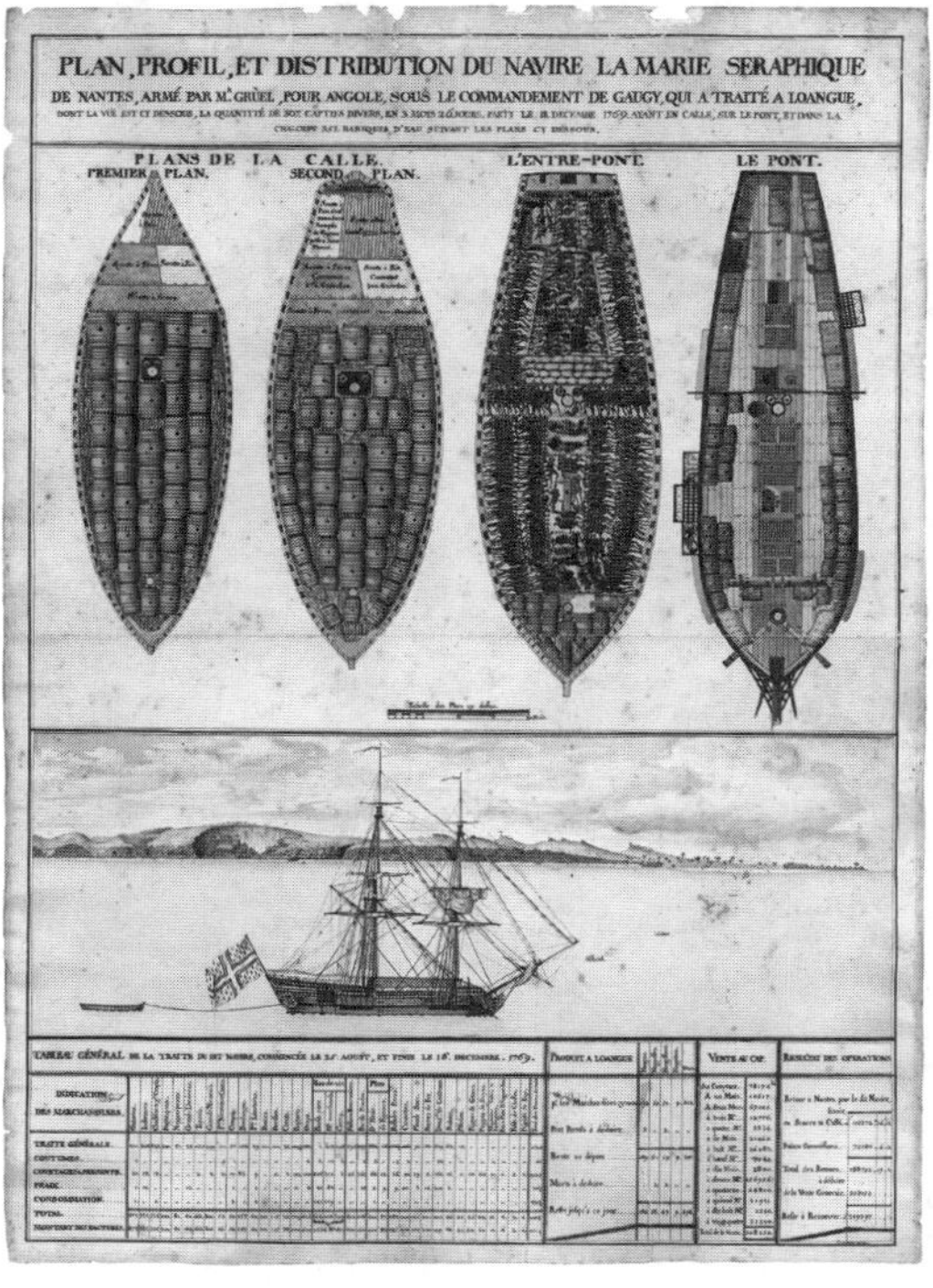

ナントの奴隷船マリー・セラフィーク(Marie-Séraphique)号(1770年．ナント歴史博物館)．船の所有者の求めで描かれたものだという．ナントはフランス最大の奴隷貿易港で，同博物館はその過去を検証する取り組みを進めている

一　奴隷制の世界史的意味——エリック・ウィリアムズの問い

『資本主義と奴隷制』

ロビンソン・クルーソーが小説のなかで生きたのは、いわゆる重商主義の時代であった。ロビンソンは中産階級としての自らの地位に飽きたらず、さらなる高みをめざして海外に雄飛した。それは時代精神を体現していたといえる。彼は絶海の孤島で二十数年暮らすものの、その後イギリスに戻り、現金五〇〇〇ポンド以上と年収一〇〇〇ポンド以上の財産を手に入れ、結婚もし、当初の目的を達成した。船乗りとして、また商人としての経験を積み、さまざまな苦難がふりかかってきたけれども、ブラジルで自らの農地を拡大し、タバコ栽培で成功して、財産を得た。

ロビンソン・クルーソーの物語は、当時、海ないし海外には富を得るための種がごろごろと転がっていたことを教えてくれるのである。

そのなかでも大西洋奴隷貿易は、利益を生みだすもっとも重要度の高い貿易の一つであった。一八世紀のイギリス商人マラキー・ポスレスウェイトは、奴隷貿易が「全商業の根源であり、基礎であり、全装置を動かす主ぜんまいに相当する」と述べている。ロビンソン自身も、失敗はしたものの、奴隷貿易の可能性を認識していたのである。

ところで、奴隷貿易は通常「三角貿易」の構造をもっていた。奴隷船は主としてヨーロッパの各港から、取引に使う商品群を積んでアフリカに向かう(第一辺)。アフリカの貿易拠点では、これら商品群と交換に奴隷が購入され、船に積み込まれ、大西洋を渡って——これを「中間航路」という——カリブ海諸島(西インド諸島)を含む南北アメリカの各地に上陸する(第二辺)。ここで奴隷が砂糖やコーヒー、綿花などの植民地物産と交換され、ヨーロッパの本国に向かい、売却される(第三辺)。

図1-1　エリック・ウィリアムズ(1961年)　Val Wilmer/Hulton Archive/Getty Images

この三角貿易の重要性に注目し、それが莫大な利益をあげたと喝破したのが、エリック・ウィリアムズ(図1-1)である。彼は、その主著『資本主義と奴隷制』(一九四四年)のなかで、三角貿易はイギリスの産業にとって一石三鳥のはたらきをしたと述べている。すなわち、イギリス製品にとっての市場を提供し、イギリス人その他が欲する物産を生産し、また、産業革命の資金需要をまかなう資本蓄積の主要な源泉となったのである。資本主義発展の中心には奴隷貿易および奴隷制があったと、彼は強調した。

ここでウィリアムズの経歴を簡単に述べておきたい。彼は一九一一年にカリブ海のトリニダード島に生まれている。父親は郵便局員であった。幼い頃から才能豊かであったウィリアムズは、同島のクィーンズ・ロイヤル・カレッジを出て、奨学金を得てイギリスのオックスフォード大学に留学した。一九三八年に同大学から博士号を取得し、翌年から十数年間、ワシントンDCのハワード大学で教鞭をとった。しかし、彼は学者・教育者であっただけでなく、政治家でもあった。イギリスからの独立のために「人民の国民運動党(PNM)」を創設し、その指導者となった。一九六二年のトリニダード・トバゴ独立に際しては、初代首相に就任している。

ウィリアムズ・テーゼ

『資本主義と奴隷制』のなかで、ウィリアムズの歴史認識を端的に示す有名なくだりがある。「一八世紀の商業資本主義は、奴隷制および独占によってヨーロッパの富を築きあげた。こうして一九世紀の産業資本主義の形成を促進したのであるが、商業資本主義・奴隷制およびその営為に敵対し、その力を破壊したものこそ、ほかならぬ一九世紀産業資本主義だったのである」(邦訳二三六頁)。

商業資本主義から産業資本主義へというマルクス主義的な発展段階論がみられるが、ここで重要なのは、その資本蓄積に寄与したのが独占であり、奴隷制であったことを明確に示した点である。独占とは、一言でいえば本国による植民地独占であり、その植民地経済を底辺で支えていたのが奴隷制であった。

マルクス主義の正統的な理解では従来、奴隷制は古典古代における支配的な労働形態であり、近代における奴隷制はその遺制にすぎず、資本主義と奴隷制とは基本的に相容れないものとして規定されてきた。しかしウィリアムズは、奴隷制を基盤にして近代資本主義は発展したと主張したのである。

ちなみに、ウィリアムズから二十数年後、イマニュエル・ウォーラーステインの「近代世界システム論」が登場した。彼によれば、資本主義とは利潤獲得を動機として組織された生産、交換、消費のシステムであり、最初から「世界経済」であった。

この世界経済は中核、半周辺、周辺という三極構造をなしている。中核における支配的な労働の管理様式は賃労働(自由労働)であり、半周辺での管理様式は半強制労働(典型は分益小作労働)、周辺での管理様式は強制労働(典型は奴隷労働)である。そしてこの三極が一体となって、資本主義世界システムとして機能しているのである。富あるいは経済余剰は、周辺から半周辺、中核に向かって移動するので、中核は富み、周辺は貧しくなる、という構図である。

このように「近代世界システム論」のなかでも、奴隷制には重要な位置が与えられている。

ウィリアムズは「近代世界システム論」をかなり前に先取りしていたのである。

ウィリアムズの『資本主義と奴隷制』は、刊行当初は二、三の書評で紹介されたものの、ほとんど関心を呼ぶことはなかった。しかし、アメリカ合衆国における公民権運動や、一九六〇年前後のいわゆるブラックパワーの爆発によるアフリカ諸国の独立運動などを契機として、彼が提起した奴隷制や奴隷貿易の重要性が歴史研究者のあいだで認識されはじめた。すべて肯定的に受け入れられたわけではないが、奴隷制や奴隷貿易の研究者が最初に読むべき最重要文献とみなされるようになったのである。

彼の議論は「ウィリアムズ・テーゼ」として定式化されている。先ほど紹介した文章にもう一度目をやって、ウィリアム・テーゼの主要な二点を整理しておこう。

①奴隷制(および奴隷貿易)を基礎とする資本蓄積によって、産業資本主義(産業革命)が成立した。

②産業資本主義が発展してゆく過程で奴隷制が廃止された。

まず①に関して、もう少し詳しくみていこう。ウィリアムズは、一八世紀後半におけるイギリス最大の奴隷貿易港リヴァプールに蓄積された資本は、その東に位置するマンチェスターの綿工業に投資されたとしている。奴隷貿易あるいは三角貿易によって得られた莫大な利益が、後背地のコットンポリスに投資され、産業革命の起爆剤になったとするのである。

ただ、ここでの論点は二つに分かれる。一つは、奴隷貿易ないしは三角貿易がそれほど大きな利益をあげたのか、ということである。もう一つは、獲得された利益が具体的に綿工業に投資されたのか、ということである。

ウィリアムズは、リヴァプールでは三角貿易の利潤率が一〇〇％というのは珍しくなかったと主張した。イギリスの歴史家R・アンスティらは、これに異をとなえて、その利潤率はせいぜい一〇％足らずであったと反論した。ウィリアムズのあげた事例は非常にうまくいった奴隷貿易で、奴隷貿易にはもともとさまざまなリスクが存在し、ウィリアムズが考えたような利益を生みだすことができなかった、というのである。いわゆる「奴隷貿易利潤論争」であるが、その後も低利潤に反論するJ・E・イニコリらの議論が提出され、いまだ決着はついていない。

もうひとつの論点、三角貿易で獲得された利益が綿工業部門に投資されたという議論であるが、『資本主義と奴隷制』のなかでも、その後の研究でも実証的に明らかになっているわけではない。今後の研究が待たれる。

次に②であるが、これはアメリカ独立戦争以降、経済制度としての奴隷制が衰退しはじめたとする議論である。すなわち、一八世紀後半からの産業革命の進行過程で、奴隷制を基礎にした英領西インド（ジャマイカやバルバドスなど）の経済が衰退しはじめ、イギリス帝国内におけるその重要性が相対的に減退し、代わってインドが台頭してゆくというわけである。

これに対してS・ドレッシャーは、具体的な経済指標を提示しながら、西インドのイギリス帝国内の位置は一八一〇年代まで減退することはなかったと論じた。表1をみると、イギリスの貿易総額に対する英領西インドのシェアのピークは一七八〇年前後であり、その後やや減少しているが、世紀転換期に持ち直している。シェアの低下が明確に生じるのは一八二〇年前後からである。すなわちドレッシャーは、英領西インド経済が衰退したから奴隷貿易が廃止されたのではなく、むしろこの時期に奴隷貿易が廃止されたから西インド経済は衰退したのだという、逆の因果関係を主張したわけである。

表1　イギリスの貿易総額に占める英領西インドのシェア（1713-1822年）

（単位：％）

年	輸　入	輸　出	輸出入
1713-17	17.9	5.0	10.7
1718-22	16.7	3.9	9.9
1723-27	18.3	4.4	10.9
1728-32	20.4	3.9	11.7
1733-37	18.6	3.0	10.1
1738-42	19.9	4.1	11.6
1743-47	19.4	4.3	10.3
1748-52	20.9	5.3	11.5
1753-57	23.5	7.1	14.0
1758-62	23.7	8.2	14.3
1763-67	24.0	8.4	15.3
1768-72	27.2	9.7	17.7
1773-77	28.7	11.6	19.7
1778-82	29.3	13.4	21.0
1783-87	26.8	11.3	19.1
1788-92	24.3	12.0	17.8
1793-97	24.3	13.2	18.0
1798-1802	27.6	14.3	20.2
1803-07	30.5	13.1	20.8
1808-12	30.3	14.0	20.9
1813-17	27.6	11.9	17.6
1818-22	25.8	9.7	15.9

出典）Mitchell/Deane, *Abstract of British Historical Statistics*, pp. 309-311.

注）輸入額については1755年まで，輸出額については1759年まではイングランドとウェールズの数値で，それ以降はスコットランドを含めた数値を示す．

ただ、一八二〇年代になると英領西インド経済は徐々に衰退し、それに代わってイギリス帝国内のインドの位置が一挙に高まってくるという点では、ウィリアムズの指摘が(時期設定は別にして)正しいと思われる。

三角貿易のインパクト

三角貿易がイギリス経済に与えたインパクトについて、ウィリアムズが注目した点がもう二つある。一つはイギリスで生産された商品に対する市場を提供したという点であり、もう一つは三角貿易に関連する産業の発展についてである。

イギリスの輸出品目は、一八世紀半ばを境に大きく変化したといわれている。それ以前に重要であったのは、穀物や魚類、石炭などの第一次産品および毛織物であったが、一八世紀後半になると、石炭を除いて第一次産品が消えてゆく。工業製品としては、毛織物がなだらかな成長を続けるとともに、新たな製品が急激に台頭し、そのなかには鉄・金属製品、麻織物とともに、産業革命の主要製品であった綿織物が含まれていた。綿織物は、インドから持ちこまれた新工業製品であり、鉄・金属製品とともにアフリカの各貿易拠点で奴隷と交換するうえで必須の商品であった。

当初、綿糸ならびに綿織物はインドから東インド会社が輸入して、アフリカや植民地に再輸出していたが、イギリス国内においても毛織物や絹織物に代わる商品として人気を博するようになった。インド産綿織物はキャラコやモスリンと呼ばれていた。

ところが、一七〇〇年のキャラコ輸入禁止法や一七二〇年のキャラコ使用禁止法などの制限措置以降、国内でキャラコ類似物を生産しようとする動きが活発になる。織布工程や紡績工程の技術革新は、こうした「輸入代替工業化」の過程で起こった。しかしこれは長期の苦難に満ちた過程であった。インド製品に並ぶ品質の綿織物が生産できるようになったのは、ようやく一七八〇年代になってからである。その生産の中心になったのが、先ほど触れたランカシャー地方のマンチェスターであった。

一九世紀にはいると、原料はもっぱらアメリカ合衆国南部の奴隷制プランテーションで生産された綿花をリヴァプールに輸入し、マンチェスターで生産された綿製品を世界各地に輸出するようなった。順にヨーロッパ大陸、アメリカ合衆国、ラテンアメリカ、インド、中国などの海外市場を獲得していった。一七世紀後半から一八世紀にかけてインドから輸入されてきた綿製品は、一八二〇年を境に、今度はイギリスからインドに逆流するのである。この一連の流れをみると、奴隷貿易あるいは三角貿易のもたらしたインパクトは、イギリスにとってまさに革命的であったといえる。

もうひとつは関連産業の発展である。植民地物産のなかでもっとも重要であったのは砂糖である。イギリスの植民地では砂糖生産は粗糖までと規制されていて、粗糖が本国に持ちこまれて精製して精糖になる、という分業体制が確立していた。したがって、ロンドンやブリストルなどで製糖業が発展した。また、奴隷船を建造する造船業や、奴隷貿易のリスクを分散するための保険業なども発展した。

さらに重要だったのは金融業である。上述のとおり一八世紀半ば以降、イギリス最大の奴隷貿易港はリヴァプールであったが、三角貿易にも変化が起こる。奴隷貿易専用船が登場し、奴隷船はリヴァプールからアフリカ各地に行き、奴隷を獲得し、新世界の各地に運び、売却する。従来はここで植民地物産を積んで本国に帰っていたが、この頃になると、奴隷貿易はこの第一・二辺で終了し、バラスト（船を安定させるための底荷）を積んでそのまま本国に帰ることになった。奴隷売却の際に振り出された為替手形をもって、本国に帰ったのである。

イギリス本国ではとくにロンドンで、この手形を引き受ける専門的な業者（コミッション・エージェント）が形成された。他方、砂糖などの植民地物産は、奴隷船よりも大きな船に積み込まれて、本国に帰還した。いわゆる「シャトル貿易」への変化である。この手形引受業者が、砂糖貿易をも包括しつつ、奴隷貿易事業の一端を担うことになるのである。これについては、第2章であらためて取りあげたい。

二　奴隷貿易の歴史的起源

イスラーム世界に対する意識

ヨーロッパ世界(キリスト教世界)とイスラーム世界との関係は、敵対的であるとみなされることが多い。七世紀前半におけるイスラームの誕生とその後の急激な拡大によって、イスラーム世界は、東方ではインド、また西方では(北)アフリカまで、広大な領域に達していた。さらに、その勢力は八世紀初めにイベリア半島まで達し、ピレネー山脈を越えようとするところで阻止された。その後イベリア半島では、キリスト教勢力が失地を回復するためにレコンキスタ(国土再征服運動)に乗りだした。この運動は、一四九二年に南部のグラナダ王国がキリスト教徒によって占領されるまで続いた。

いっぽう東方では、一一世紀末から一三世紀終わりにかけて七次にわたる十字軍運動が展開されたが、こちらではキリスト教勢力は最終的にパレスティナから追いだされた。西と東におけるキリスト教勢力とイスラーム教勢力との戦いの歴史は、両者の敵対関係を示すものとして、イメージされている。

両者はしかし、歴史的にみれば敵対的な関係だけだったわけではない。この点で注目したいのは、「一二世紀ルネサンス論」である。中世史家のチャールズ・H・ハスキンズによって提起された議論は、日本では伊東俊太郎らによってさらに詳細に分析されてきた。

ふつうルネサンスとは、一四〜一六世紀、イタリアを中心に古典古代のヨーロッパの文化や哲学などが再発見され、近代的な世界理解・人間理解の基盤となったことをいう。しかし、それ以前にルネサンスは存在していたと彼らは主張した。一二世紀に何が起こったのか。一言でいえば、イスラーム世界からヨーロッパ世界にさまざまな文化や哲学、技術、産物などが伝わったのである。

ひとつ例をあげるならば、九世紀にアル・フワーリズミーという学者がいた。彼は、ヨーロッパのラテン語学者のあいだではアルゴリスムスという名前で知られていた。この名前が起源となって現在ではコンピュータのフローチャートなどがアルゴリズムと呼ばれているのは、周知の通りである。彼は、十進記数法を発明し、「代数」の書物を著した。彼の学問体系は、一二世紀にアラビア語からラテン語に翻訳されて、ヨーロッパの知識人たちのあいだに広がったのである。

こうした例は、アル・フワーリズミーだけにとどまらない。天文学や地理学、錬金術や哲学なども アラビア語からラテン語に翻訳された。一二世紀は大翻訳時代であったといえる。翻訳活動の中心地は、シチリア島とスペインのトレドであった。後者には翻訳学校があったことが知られている。これらの地域にはヨーロッパじゅうの有能な知識人が集まり、精力的に翻訳活動に従事した。学問的分野だけでなく、ヨーロッパが大航海時代に乗りだす際に必要であった帆船や羅針盤、世界地図などもイスラーム世界からもたらされた。種々の香料や砂糖、コーヒーといった産物もイスラーム世界からもたらされたものである。

また、当時のヨーロッパ人の地理的認識では、世界はヨーロッパ、アジア、アフリカから成り、このうちアジア、アフリカのほとんどはイスラームの支配下にあり、ヨーロッパだけがキリスト教の支配下にあると考えられていた。キリスト教に基づくヨーロッパ世界は、イスラーム世界に包囲されていたのである。しかも、イスラーム世界はヨーロッパよりも優れた学問や技術、産物をもっていた。当時のヨーロッパの人々、とくに知識人は、イスラーム世界に対して大いなる劣等感を抱いていたのではないだろうか。これを払拭するために大航海時代に乗りだしていったと考えられる。

奴隷貿易は中世にさかのぼる

ヨーロッパ世界がイスラーム世界と対峙していたことと関連して、大西洋奴隷貿易が始まる一五世紀半ば以前の奴隷貿易に触れておく必要がある。すでに中世後期(一二〜一五世紀)において、地中海世界には奴隷制が存在し、そのための奴隷貿易も行われていたのである。フランスの「アナール派」第二世代の歴史家フェルナン・ブローデルは『地中海』で、「奴隷制は地中海社会の構造的特徴であった」と述べている。イタリアの諸都市国家における奴隷制、その支配下にあった地中海島嶼における奴隷制、また、イスラーム圏と境界を接するイベリア半島における奴隷制が代表的なものである。

中世後期にイタリアのヴェネツィア商人やジェノヴァ商人は、地中海に貿易拠点を開発し、精力的な商業活動を展開していた。そのなかに奴隷貿易も含まれていた。獲得された奴隷の多くはイスラーム教徒(ムスリム奴隷)であった。ジェノヴァやヴェネツィアでは一三世紀の第3四半期までに奴隷人口の四分の三がムスリム奴隷で、その大部分はイベリア半島でのレコンキスタで獲得された捕虜である。

しかし、一三世紀の第4四半期になると、奴隷の調達地域は劇的に変化した。それは一三世紀初頭、ヴェネツィアが十字軍の過程でコンスタンチノープルを占領して以降、イタリア商人が黒海沿岸に貿易拠点を設け、ここでの奴隷貿易が盛んになったことによる。クリミア半島のカッファやドン川河口のタナを拠点にして奴隷貿易が行われた。ある推算によると、一三世紀終わりにはカッファだけで年間一〇〇〇人程度の奴隷が取引されたという。奴隷の大半はカフカスのチェルケス人であった。黒海周辺で取引された奴隷の多くは、エジプトのアレクサンドリアに送られ、マムルーク軍の一員になるための訓練を受けた。一四二〇年代にカッファからエジプトに送られた奴隷数は、年間二〇〇〇人にのぼったといわれている。

黒海周辺からの奴隷の一部はイタリアの諸都市国家にも運ばれた。一四世紀後半にフィレンツェで売買された奴隷三五七人の出自をみると、タタール人が圧倒的多数(七七%)を占め、そのほかにギリシア人、ムスリム、ロシア人、トルコ人と続いている。特徴的なのは、女性が九割以上を占めたことである。これは、奴隷の大部分が雑多な家事労働に従事する家内奴隷であったことを意味している。

ちなみに、一四世紀半ばにヨーロッパ全域を席巻した黒死病(ペスト)による人口激減のために、フィレンツェ当局は一三六三年、非キリスト教徒の奴隷を外部から無制限に導入することを許可している。また、一四一四―二三年にヴェネツィア市場で取引された奴隷数は、一万人以上にのぼったとされている。

一方イベリア半島では、すでに触れたようにレコンキスタでムスリムが奴隷にされた。たとえば、一二一二年のラス・ナバス・デ・トロサの戦いの際に捕らえられた数千人のムスリムが、奴隷市場で売却されたことが知られている。ポルトガルでは、南部のアルガルヴェ地方が一三世紀半ばまでに再征服されて以降、イスラームとの境界が消滅した。ポルトガル人は時折、カスティリア(スペイン)に侵入して、グラナダを攻撃、奴隷を獲得した。また、北アフリカまで航行し、奴隷を連行してくることもあった。

こうして、大西洋奴隷貿易が始まる一五世紀半ばまで、ヨーロッパの地中海域ではムスリム奴隷と黒海周辺から連行された奴隷が広範に存在し、奴隷貿易も行われていたのである。逆に、レコンキスタの境界線上ではキリスト教徒が奴隷にされることもあった。ロビンソン・クルーソーが経験したように、奴隷の一部はイスラーム圏にも輸出されていた。

大西洋奴隷貿易の「先駆者」

大西洋奴隷貿易の先陣を切ったのはポルトガル王国である。ポルトガルは一五世紀の初めから、「インディアス」に向かうために東周りの航海を開始した。その目的は、キリスト教の布教地を見出すこと、また、それまでイスラーム世界やイタリア商人を介して東方から得ていた香料や金・銀などを、直接獲得することであった。

インディアスに到達するためには、まずアフリカを南下しなければならない。一四一五年のモロッコのセウタ占領に始まるアフリカ南下政策は、こうして始まった。一四八八年のバルトロメウ・ディアスによる喜望峰到達までに、七十数年かかっている(図1-2)。

ポルトガルは、この過程で大西洋沿岸に貿易拠点を設け、金や奴隷、象牙などの取引を行った。マデイラ諸島には一四二〇年までに到達し、植民活動を展開した。

ポルトガルの奴隷貿易が記録として初めて出てくるのは、一四四一年のことである。アズラ

図1-2　ポルトガルの貿易拠点

ラの『ギネー発見征服誌』によれば、アンタン・ゴンサルヴェスがモーリタニア北部のリオ・デ・オロに上陸し、ベルベル系のアゼネゲ族一二人を捕らえてラゴスに連れ帰った。このうち三人は現地では地位の高い人物で、「自分たちを当地に戻してくれるならば、自分たち一人につき五、六人の黒人奴隷と交換できる」と説明したので、この三人を現地に連れ戻したという。現地で一人には逃げられたが、残りの二人との交換で一〇人の黒人奴隷を手にいれたのである。一四四四年にはランサローテ・デ・フレイタスが六隻の船団でさらに南のアルギンに到着し、二三五人の奴隷を獲得したと記されている。

一四四〇年代にポルトガルは一〇〇〇人程度の奴隷を獲得したと考えられるが、奴隷の主流はいわゆる黒人奴隷ではなく、アゼネゲ族であった。また、奴隷の獲得手段は武力による奴隷狩りであった。この手段ではポルトガル側にも犠牲者が出たため、アフリカ社会内で留保していた奴隷をヨーロッパから持ちこんだ商品群と交換する「平和的」取引に代替されていった。カダモストの『航海の記録』には、一四五五年頃のセネガル王国の状況が次のように描写されている。セネガルの王は、周辺地域との戦闘で捕らえた者を奴隷として土地の耕作などに使役しているが、その一部はアラブ商人やキリスト教徒に売却している、と。ここにいう「キリスト教徒」とは、ポルトガル商人のことを指していると思われる。

ポルトガルはさらにアフリカを南下し、一四六六年にはヴェルデ岬諸島のサンティアゴ島に、さらに一四八二年には黄金海岸のサン・ジョルジェ・ダ・ミナに、砦を築いている。後者は金貿易の拠点となった。じつは、当初ポルトガルが奴隷貿易に乗りだしたのは、金の獲得の一環であった。すなわち、手にいれた奴隷を黄金海岸に連行し、金と交換したのである。この奴隷は内陸部にあった金鉱山の採掘労働に使役された。

こうして、黄金海岸は文字通り金の貿易拠点として開発されたわけだが、一六世紀半ばまでに奴隷貿易そのものの拠点としても重要になっていく。獲得された奴隷数は一五世紀後半には年に数百人から二〇〇〇人程度となり、一六世紀前半にはセネガル、ガンビア、シエラ・レオネの上ギニアから最大で年に三〇〇〇人強、黄金海岸、奴隷海岸などの下ギニア、コンゴなどから最大で二〇〇〇人の奴隷が獲得された。

こうしてリスボンには毎年約二〇〇〇人の奴隷が輸入され、そのうち半分はスペインやイタリアなどに再輸出された。一六世紀半ばのリスボンの人口は約一〇万人であったが、そのうち約一万人が奴隷であった。ポルトガル全体で三万人以上の奴隷が存在したと考えられる。

王室を頂点として、貴族、役人、聖職者、商人などの富裕な階級は、奴隷労働を収奪するためのみならず、自らの富と権力を誇示するために、奴隷を所有していた。そのほとんどは、先に触れたように家内奴隷であった。また、ギルド職人は、徒弟制の最底辺に奴隷を組み入れていた。奴隷は、水夫、人足、行商人、売春婦などとして使役され、農業地域では作男や牧夫などの奴隷も存在した。ポルトガル王国は奴隷制社会だったのである。

奴隷や金、象牙などのアフリカとの貿易が軌道に乗りだすと、一四八一年に王室はこれに対する独占権を留保した。この頃ポルトガルからアフリカに輸出された商品は、馬、小麦、カーペット、布、金属製品、ビーズなどであった。王室は、奴隷貿易を統括するための組織として一四八六年にリスボン奴隷局を創設した。これはアフリカ貿易全体を統括するギネー商務院の支部組織として機能した。リスボン奴隷局は、奴隷商人に貿易許可状を発行し、王室収入を確保した。また、リスボンに運ばれてきた奴隷を受け入れ、検査・査定し、奴隷のオークションを開催して売却し、関税を徴収した。

三　明らかになる四〇〇年の貿易実態——歴史学の新たな挑戦

カーティンの統計的研究

こうしてポルトガルによって始められた大西洋奴隷貿易には、やや遅れて他のヨーロッパ諸国も参入した。オランダ、フランス、イギリス、デンマークなどである。そして一五世紀後半から一九世紀半ばまで、各国の重要事業として奴隷貿易は続けられることになる。ここではまず、四〇〇年にわたるその実態を、研究史をふまえながらマクロな視点でとらえてみよう。

大西洋奴隷貿易に関する研究で金字塔を打ち立てたのは、アメリカの歴史家フィリップ・D・カーティンの『大西洋奴隷貿易——その統計的研究』(一九六九年)である。彼はこの研究書で、大西洋奴隷貿易に関する表2のような推算値を算出した。

カーティンは、アフリカで船積みされた奴隷数、カリブ海諸島を含む南北アメリカで荷揚げされた奴隷数ならびに砂糖生産高、ヨーロッパからアフリカに輸出された商品の数量などを示した一次史料を駆使し、また、先行研究を批判的に検証しながら、大西洋奴隷貿易全体の規模を初めて科学的に推算したのである。ただ、あらかじめ断っておかなければならないのは、これらの数値は生きて上陸した奴隷の数であり、大西洋上——中間航路——の奴隷船で死亡した

表2　カーティンによる推算値(1451-1870年)

(単位：千人)

地域あるいは国	1451-1600年	1601-1700年	1701-1810年	1811-1870年	合　計
イギリス領北アメリカ	—	—	348.0	51.0	399.0
スペイン領アメリカ	75.0	292.5	578.6	606.0	1,552.1
イギリス領西インド	—	263.7	1,401.3	—	1,665.0
フランス領西インド	—	155.8	1,348.4	96.0	1,600.2
オランダ領西インド	—	40.0	460.0	—	500.0
ブラジル	50.0	560.0	1,891.4	1,145.4	3,646.8
旧世界	149.9	25.1	—	—	175.0
その他	—	4.0	24.0	—	28.0
合　計	274.9	1,341.1	6,051.7	1,898.4	9,566.1

出典) Curtin, *The Atlantic Slave Trade*, p. 268.

奴隷や、アフリカの内陸部から沿岸まで連れてこられる過程で死亡した奴隷は含まれていない。あとで述べるように、そうした奴隷たちも多数にのぼったのである。

さて、彼の推算値で特徴的なのはまず、一五世紀後半から一六世紀にかけては、旧世界に受け入れられた奴隷が新世界のそれよりも多かったことである。ここで旧世界とは、ヨーロッパやアフリカ沿岸のマデイラ諸島やカナリア諸島、サン・トメ島などのことである。すでに触れた通り、リスボンやスペインのセビーリャにはかなり多くの黒人奴隷がいたし、マデイラ諸島やカナリア諸島の砂糖プランテーションでは黒人奴隷が使役されていた。

次に特徴的だったのは、英領北アメリカ(あるいは独立後のアメリカ合衆国)への奴隷数が一般に想像するよりも少なく見積もられていることである。合衆国では、南北戦争(一八六一―六五年)前に奴隷数が四〇〇万人に迫っていたことを考えると、カーティンの推算値はあまりにも少なすぎるとして、批判が集中した。

しかし、この地域では黒人人口が自然増加したこと、また、一八世紀末からは奴隷の国内での「飼育」、すなわち黒人奴隷どうしを婚姻させ、もうけた子どもを新たに奴隷にすることが利益のあがる事業として成立し、深南部の綿花プランテーションにそうした奴隷が数多く売られていたことを考慮しなければならない。

また時期的には、一八世紀から一九世紀初頭に奴隷貿易総数の六割が集中し、最盛期を迎えていたことがわかる。一八世紀は、ヨーロッパの奴隷商人がしのぎを削り、プランテーション経済が発展し、奴隷に対する需要がピークを迎えた時期であった。さらに、地域的にはカリブ海諸島とブラジルに奴隷貿易の八割が集中している。カリブ海諸島にはヨーロッパ列強それぞれの植民地が形成され、ブラジルでは一六世紀半ばから一九世紀終わりまで各種のプランテーションが盛衰を繰り返していた。

ところで、カーティンは、この研究書を大西洋奴隷貿易の全貌を明らかにするための出発点として位置づけ、新たな研究成果が現れれば、修正されるべきものと考えていた。ただし、新たな修正値が提出されたとしても、輸入奴隷総数が八〇〇万人より少なくなったり、一〇五〇万人よりも多くなったりすることはありそうにない、とも考えていた。

新データベースの登場

カーティン以降、さまざまな修正値が提起されてきたが、ここでは二人だけ取りあげておきたい。一人は、先にも紹介したナイジェリア出身のJ・E・イニコリで、輸入奴隷総数を一三三九万人と算定した(一九七六年)。もう一人は、P・E・ラブジョイで、同じく九七八万人とした(一九八二年)。カーティンの推算値より、前者は四〇%増、後者は一二%増となっている。

その後も多くの研究者が、大西洋奴隷貿易のより精緻な推算値を求めて、努力を重ねてきた。なかでも精力が注がれたのは、奴隷船の航海データの調査・収集であった。

航海データを単一のデータセットに統合させようという意図をもって一九九〇年代から本格的に開始された研究は、インターネットの普及の波に乗って各国の奴隷貿易研究者を結集し、二一世紀の最初の一〇年のあいだに大きな成果となって現われた。四〇〇年間における奴隷貿易の航海データ三万五〇〇〇件以上が、ウェブサイト「奴隷航海」(www.slavevoyages.org)として無料で公開されるようになったのである。

この仕事の中心を担ったのは、イギリスの歴史家D・エルティスとD・リチャードソンである。彼らは、この航海データベースを一次史料として用い、いくつかの仮説をたて、大西洋奴隷貿易の全貌を推算した。その結果が表3である。これによると、生きて上陸した輸入奴隷総

表3　エルティスとリチャードソンによる推算値(1501-1867年)

（単位：千人）

地域あるいは国	1501-1600年	1601-1700年	1701-1810年	1811-1867年	合　計
イギリス領北アメリカ	—	15.0	367.1	4.8	386.9
スペイン領アメリカ	50.1	198.9	215.6	675.6	1,140.2
イギリス領西インド	—	306.3	1,931.2	8.6	2,246.1
フランス領西インド	—	29.4	1,002.6	61.9	1,093.9
オランダ領西インド	—	124.2	316.2	4.3	444.7
ブラジル	29.0	782.2	2,302.1	1,697.0	4,810.3
旧世界	0.6	5.9	13.8	143.9	164.2
その他	119.5	60.7	188.6	47.2	416.0
合　計	199.2	1,522.6	6,337.2	2,643.3	10,702.3

出典）Eltis/Richardson, eds., *Extending the Frontiers*, pp. 48-51.

数は一〇七〇万人となり、カーティンの推算値よりも一二％増、また上限推算値よりもやや多くなっているが、まずまず彼の上限値付近に落ち着いたということになろう。

この表をみると、先の表2で挙げたカーティンの推算値の特徴とよく似ていることがわかる。しかし、地域的にみると、スペイン領アメリカの輸入奴隷数は二七％減、仏領西インド地域で三二％減、蘭領西インド地域で一一％減、逆に、英領西インド地域では三五％増、ブラジルでは三二％増となっている。また、時期的には、一七世紀の奴隷数は一六％増、一七〇一―一八一〇年のそれは五％増、一八一一―七〇年は三九％増となっており、とくに一九世紀の増加が著しい。

以下ではこの新データベースが構築される過程を簡単にたどり、その歴史的意義について述べたい。

一九六〇年代末頃から、カーティンとは別に、H・

S・クラインらが奴隷貿易航海に関する公文書データを集めはじめ、一九八〇年代の終わりには約一万一〇〇〇件の航海データを収集していた。しかし、このデータのなかには、大西洋以外のもの、奴隷貿易航海ではないものも多少含まれていた。あるいは、重複しているデータもあった。そして特筆すべきは、データ収集にあたった研究者は、コンピュータを利用しはじめた最初の世代であったことだ。

大西洋奴隷貿易の航海データを単一のデータセットに統合させようとする考えは、上述のエルティスと大西洋史研究者のS・ベーレントが一九九〇年にロンドンの公文書館で出会ったことから生まれたといわれている。一九九一年のアメリカ歴史学会、および翌年の「アフロアメリカン研究のためのデュ・ボア研究所」(ハーヴァード大学)における会合で、このプロジェクトに対していくつかの財団から資金提供の提案がなされた。

さらに注目すべきは、このプロジェクトの存在が他の研究者のあいだで知られるようになると、研究者たちが未公開データを自主的に提供するようになったということだ。奴隷貿易の研究者のネットワークが、国境を越えて形成されていったのである。

プロジェクトが始まってから三年のうちに、三つの主要な成果が達成されている。最初に手掛けられたのは、既存のデータを標準化する仕事であった。情報項目の定義と整理を行い、整合的なフォーマットができた。第二の仕事は、いくつかの異なったデータセットに出てくる航海を校合《きょうごう》することであった。第三の仕事は、新たな情報を付け加えていくことであった。

こうして、数多くの研究者の創意と努力によって結実した成果が、一九九九年に公刊された大西洋奴隷貿易データベースのCD-ROM版である。そこに収められた二万七二三三件の航海データの約半数が新データであった。このデータベースは、大西洋奴隷貿易研究史上初めての電子データであり、以下ではこれをTSTD1(Transatlantic Slave Trade Database の頭文字をとっている)と略す。

TSTD2へ

ただ、画期的なTSTD1にも弱点があった。そのもっとも大きな欠陥は、ポルトガル船とブラジル船の航海データに欠損があることであった。また、スペイン船の航海データにも少なからず欠損があった。その他の欠損は、一六六二年以前および一七一一―七九年のロンドンの奴隷貿易、一六三〇年のブラジル北東部ペルナンブコ占領から第二次西インド会社設立(一六七四年)までのオランダの奴隷貿易、初期のフランスの奴隷貿易などである。

そこで、二〇〇一年から二〇〇五年にかけて一群の研究者たちは、ルアンダ(アンゴラ)、リオ・デ・ジャネイロ、バイア(ブラジル)、リスボン、ハバナ、マドリード、セビーリャ、アムステルダム、ヘント(ベルギー)、コペンハーゲン、ロンドン、ミデルブルフ(オランダ)の公文書を探索し、新たな航海データ八二三二件を発見した。それと同時に、TSTD1に含まれていた一万九七二九件を新たな航海データで修正することができた。この新たなデータベースをTSTD2と略す。

TSTD1、2を構築するために、歴史家たちはどんな一次史料を掘り起こしたのであろうか。それは基本的に各国の公文書(アーカイブ)である。イギリスでは議会史料(British Parliamentary Papers)やイギリス公文書(British National Archives)、イギリスのほかではセビーリャのインディアス公文書(Archivo General de Indias)、バイアのサルヴァドル市歴史公文書(Arquivo Histórico Municipal de Salvador)、アンゴラ歴史公文書(Arquivo Histórico Nacional de Angola)などである。また、ロイズ船舶年鑑(Lloyd's Register of Shipping)なども使用されている。先にも触れたように、保険業の発展は奴隷貿易と密接な関わりをもっていた。

このデータベースで注目すべきは、ポルトガルおよびブラジルの奴隷貿易航海に関する知見が驚異的に前進したことである。従来、一八八八年のブラジルにおける奴隷制廃止に際して過去の奴隷貿易に関する文書がほとんど焼却され、一次史料による研究はほぼ不可能だと考えられてきたので、ポルトガル・ブラジル圏のデータが付け加わったことは、歴史的にも大きな意義をもつ。両国の奴隷貿易航海数は、TSTD1では六一八三件であったのが、TSTD2では一万一三八二件に増えたのである。一九九九年以降に追加された奴隷船航海の約六〇%が、

表4　TSTD 2に含まれている各項目別の情報数

奴隷貿易航海の数	34,808
船舶の名前が判明している航海数	33,207
船長の名前が判明している航海数	30,755
1人以上の船主の名前が判明している航海数	20,978
奴隷船に船積みされたとされるアフリカ人の数	10,125,456
奴隷船から荷揚げされたとされるアフリカ人の数	8,733,592
乗船している乗組員数の判明している航海数	13,253
船舶のトン数を示している航海数	17,592
船舶の出航地を示している航海数	28,505
出航の日付を示している航海数	25,265
アフリカ沿岸の積み込み地を示している航海数	26,939
積み込んだアフリカ人の数を示している航海数	8,547
荷揚げした港を示している航海数	28,985
荷揚げ港に到着した日付を示している航海数	23,478
荷揚げしたアフリカ人の数を示している航海数	18,473
航海途上で死亡したアフリカ人の数を示している航海数	6,382
荷揚げされたアフリカ人の年齢や性別を示している航海数	3,570
航海の結果が示されている航海数	31,077
奴隷叛乱が起こったことを示す航海数	530

出典）Eltis/Richardson, eds., *Extending the Frontiers*, p. 9.

ポルトガルとブラジルに関する史料であった。

TSTD1とTSTD2ではともに、それぞれの航海データにおいて二二六の包括的な変数あるいは項目が設けられている。主な項目をあげると、船舶名、船舶トン数、砲数、船主、船舶の国籍、船長の名前、船員数、出航地、出航日、アフリカの停泊地とその日付、積み込まれた奴隷数、奴隷の男女比、奴隷船の荷揚げ港とその日付、荷揚げされた奴隷数、奴隷の死亡率、帰還港とその日付などである。また、これらの情報の出所についても明らかにされている。もちろん、すべての項目を網羅

表5　TSTD 2における奴隷船ローレンス号の記録

航海識別番号	76720
国籍	イギリス
建造地	イギリス
登録場所	ロンドン
トン数	300
砲数	14
船主	南海会社
航海の成果	計画通りの航海を達成
出航地	ロンドン
奴隷積み込み地	ロアンゴ
荷揚げ地	ブエノス・アイレス
航海が開始された日付	1730年4月21日
ロアンゴに到着した日付	1730年8月14日
ロアンゴを出航した日付	1730年11月16日
ブエノス・アイレスに到着した日付	1731年1月20日
ブエノス・アイレスを出航した日付	1731年7月2日
帰還した日付	1731年10月19日
船長の名前	エイブラハム・デュマレスク
最初の乗組員の数	50
購入予定の奴隷数	500
積み込まれた奴隷数	453
荷揚げされた奴隷数	394
奴隷の男性比率	65.6%
航海上での奴隷の死亡率	13.0%

するような航海データは存在しない。航海によっては情報の多いものもあるが、ほとんど情報がないものもある。たとえば、日付と場所しか記録されていない航海もある。

ＴＳＴＤ２における二六項目のなかでもっとも重要な一八項目を選び、記録されている情報数を表4に示した。出航地や奴隷購入地といった地理的記録は、とくによく得られた情報である。また、船主や船上での死亡率、奴隷の性別構成についても少なからず情報が得られている。

具体的な例をひとつ、表5にあげてみた。航海について説明しておこう。まず、航海識別番号が七六七二〇である。船舶名はローレンス(Laurence)号であり、国籍はイギリス、トン数は三〇〇トンで砲数は一四、船のオーナーはイギリス南海会社である。出航地はロンドンで、アフリカでの奴隷購入地はロアンゴ、奴隷の荷揚げ地はブエノス・アイレスである。出航日は一七三〇年四月二一日、帰還するまでに約一年半かかっている。船長は、エイブラハム・デュマレスク、乗組員は五〇人、船積みした奴隷数は四五三人、荷揚げした奴隷数は三九四人、奴隷の男性比率は六五・六%、中間航路での奴隷の死亡数は五九人、死亡率は一三・〇%であった。

あとで詳しく述べるように、南海会社は、一七一一年にイギリスで設立された株式会社で、一七一三年のユトレヒト条約でスペイン領アメリカへ毎年四八〇〇単位の奴隷を運ぶことのできる「アシエント」を実行する国策会社であった。上記の航海で使用された船舶の大きさは、通常の奴隷船のトン数が一〇〇~二〇〇トンであったことを考えると、やや大きめであった。

初めに計画されていた旅程をみると、ほぼ計画通りに実行されたようである。アフリカでの滞在日数が約三カ月であり、これはロアンゴ周辺でまずまず順調に奴隷を獲得できたことを示している。ただし、ブエノス・アイレスでの滞在日数が約半年で、これは奴隷を売却するだけであればかなり長い日数である。奴隷貿易とは別の任務があったのかもしれない。

域からの奴隷輸出数

（単位：人）

ベニン湾	ビアフラ湾	西中央アフリカ	南東アフリカ	合　計
—	8,458	117,878	—	277,503
269,812	186,322	1,134,807	31,715	1,875,632
1,284,586	904,615	2,365,203	70,931	6,494,617
444,662	495,165	2,076,685	440,022	3,873,580
1,999,060	1,594,560	5,694,573	542,668	12,521,332

新データベースからわかってきたこと

ＴＳＴＤ２に含まれる奴隷貿易の航海データは、こうしてわれわれに驚異的な情報を提供してくれるけれども、大西洋奴隷貿易の航海をすべて含んでいるわけではない。このデータベースをもとに大西洋奴隷貿易の全貌に迫るために、エルティスとリチャードソンらはいくつかの仮説を設定し、推論を展開した。その一部だけを紹介しよう。

たとえば、このデータベースのなかで約三六〇〇の航海（全航海の約一〇％）については、奴隷船がアフリカに向かったことだけがわかり、それ以上の情報は得られていない。この場合、すべての奴隷船が新世界のどこかの場所に奴隷を運び、荷揚げしたと仮定する。もちろん、これに反する情報、たとえば、大西洋上で別の船に拿捕されたというような記録が存在する場合にはこれから除外する。そして、奴隷船が目的としていた港に実際に到着したと仮定する。さらに、奴隷船に乗せた奴隷数がわからない場合に

表6　アフリカ各地

年	セネガンビア	シエラ・レオネ	風上海岸	黄金海岸
1501–1600	147,280	1,405	2,482	—
1601–1700	136,104	6,843	1,350	108,679
1701–1800	363,186	201,985	289,583	1,014,528
1801–1867	108,942	178,538	43,453	86,113
合　計	755,512	388,771	336,868	1,209,320

出典）Eltis/Richardson, eds., *Extending the Frontiers*, pp. 46–47.
注）数値の誤りを一部修正した．

は、荷揚げされた奴隷数をもとに平均的な死亡率を使ってそれを推算する。逆に、荷揚げされた奴隷数がわからない場合には、船積みされた奴隷数から推算する。奴隷数の情報がまったくない場合には、船の大きさや装備、航海のルートや時期から推論する。

こうした手続きを踏んだうえで、カーティンの大西洋奴隷貿易に関する科学的推算から約四〇年、奴隷貿易航海データに基づく、歴史的事実により近い推算が登場した。それをまとめあげたのが、すでにあげた表3である。

もうひとつ示しておきたいのが、アフリカの各地域から積み出された奴隷数(推算値)である。表6には、主要な奴隷積み出し地域を八つに分け、それぞれの奴隷積み出し数を時期ごとに示している。これを図式化したものが図1-3である。最大の奴隷積み出し地域は現在のコンゴからアンゴラにかけての西中央アフリカで、全体の半分弱を占めている。西アフリカではベニン湾、いわゆる奴隷海岸が多く、続いてビアフラ湾地域である。時期としてはやはり一八世紀が全体の半分強を占めており、一九世紀がそれ

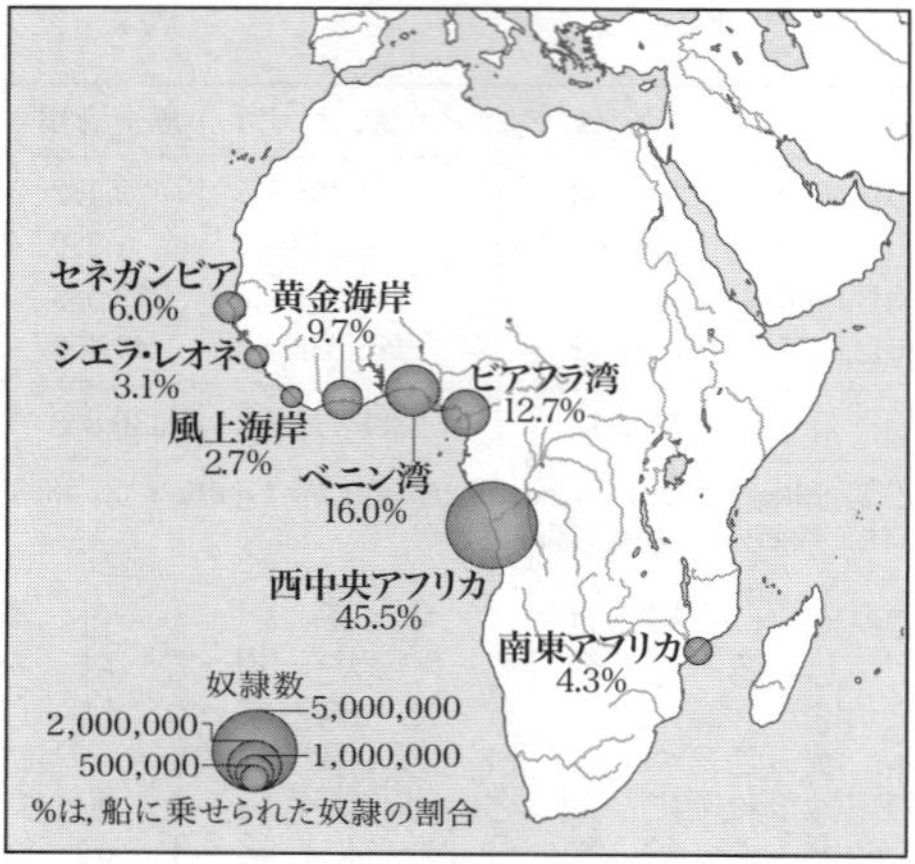

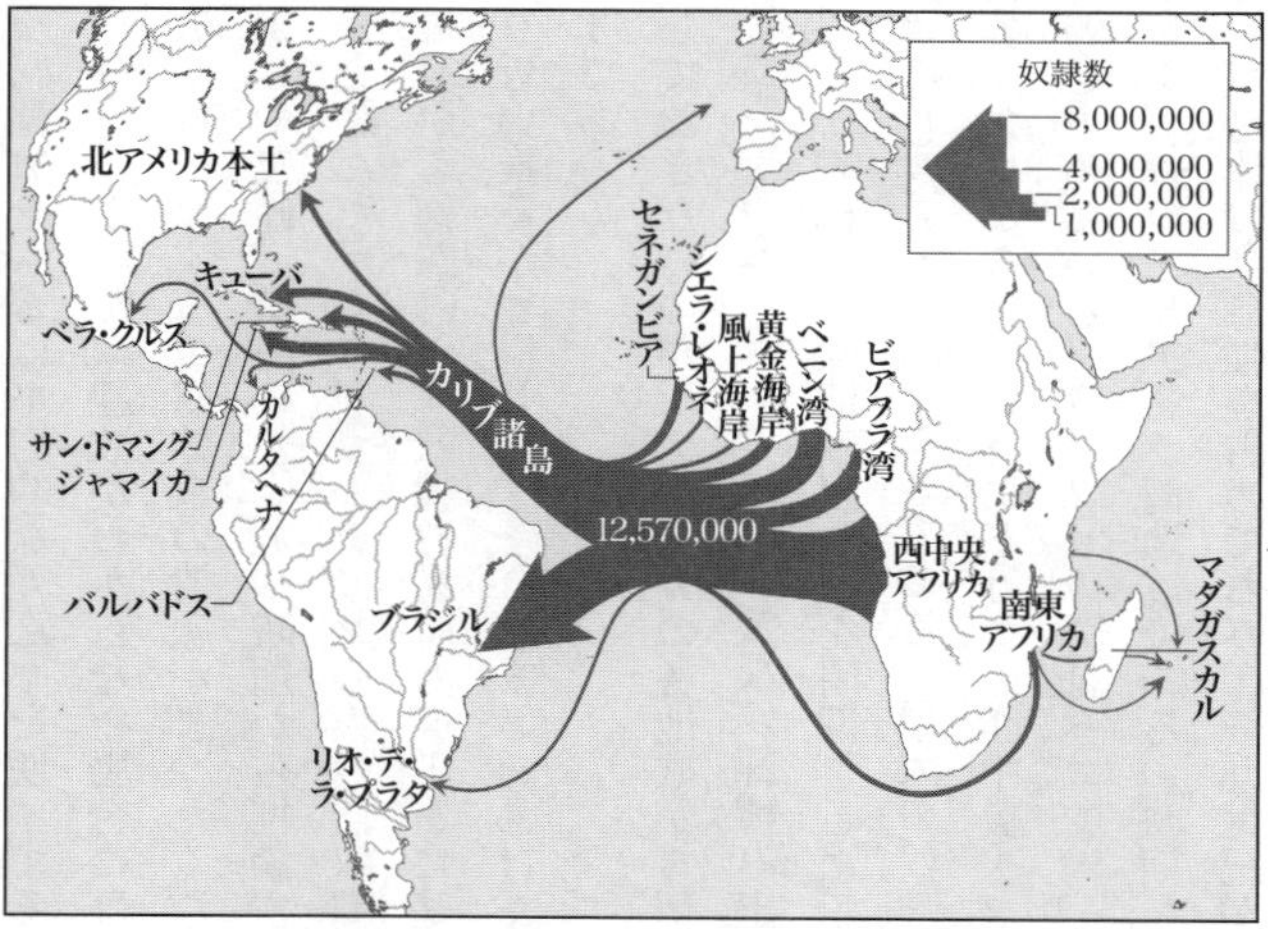

図 1-3　大西洋奴隷貿易の出発地域と経路（1501–1867 年．エルティス／リチャードソン『環大西洋奴隷貿易歴史地図』地図 1, 9 に基づき作成）

に続いている。表3と表6から、中間航路における死亡率は一四・五%となる。

これからもおそらく多少の改訂がなされていくであろうが、現在の推算は完成域に入っていると思われる。カーティンの推算と新データベースに基づく推算との違いは、まず、前者はカーティンひとりで仕事を遂行したのに対して、後者は中心になる研究者はいたものの、プロジェクトに賛同する研究者集団によってなされたことである。

また、この研究者集団は地理的に離れた場所にいたとしても、インターネットによって結集することで成果を積み上げ、それを共有することができた。ネット世代の新たな共同研究のあり方、可能性をも示す結果となり、データベースをネット上で、無料で公開することができた。奴隷貿易に多少とも関心のある者は、どこからでも容易にアクセスすることができるのである。もちろん、そこには資金を提供したスポンサーがいたことも重要である。

さて、この新しい推算によって、これまでの通説がいくつか修正されることになった。

たとえば、イギリスが最多の奴隷貿易航海を行っていたとこれまで考えられていたかもしれないが、実際にはポルトガル船・ブラジル船がもっとも多くの奴隷をアフリカから輸送したことが明らかになった。ヨーロッパ最大の奴隷貿易港リヴァプールは、ブラジルのリオ・デ・ジャネイロやサルヴァドル・デ・バイアの後塵を拝していたのである(表7)。

また、イギリスの奴隷貿易港のうち、ロンドンはリヴァプールには及ばなかったものの、ブ

表7　奴隷貿易航海が組織された主要20港を出航した船舶で輸送されたアフリカ人奴隷数(1501-1867年)

(単位：千人)

港	奴隷数
リオ・デ・ジャネイロ(ブラジル)	1,507
サルヴァドル・デ・バイア(ブラジル)	1,362
リヴァプール(イギリス)	1,338
ロンドン(イギリス)	829
ブリストル(イギリス)	565
ナント(フランス)	542
レシフェ(ブラジル)	437
リスボン(ポルトガル)	333
ハバナ(キューバ)	250
ラ・ロシェル(フランス)	166
テクセル(オランダ)	165
ル・アーブル(フランス)	142
ボルドー(フランス)	134
フリシンヘン(オランダ)	123
ロードアイランド*(アメリカ)	111
ミデルブルフ(オランダ)	94
セビーリャ**(スペイン)	74
サン・マロ(フランス)	73
ブリッジタウン(バルバドス)	58
カディス(スペイン)	53
合　計	8,356

出典) エルティス／リチャードソン『環大西洋奴隷貿易歴史地図』39頁.
注) *ニューポート，プロヴィデンス，ブリストル，ウォレンの総称. **サン・ルーカル・デ・バラメダを含む.

リストルよりも多くの奴隷を運んだことも明らかになった。フランス最大の奴隷貿易港ナントはブリストルに続いて第六位に位置している。このデータベースを用いた奴隷貿易研究は、今後も増えていくものと期待される。

最後に留意したいのは、第2章で詳しく述べることになるが、それぞれの航海にはさまざまな人間が関係していたことである。多数の奴隷がアフリカの内陸部から海岸に連行され、奴隷船に積み込まれただけでなく、この奴隷船を組織し、それに投資した者、あるいは船長や船乗り、医者やコックなどこの船を実際に動かした者たちが、やや大げさにいえば自らの人生を賭して、航海に関わっていた。

四　アシエント奴隷貿易が意味するもの

スペイン領アメリカの形成

一四九二年八月三日、コロンブスは三隻の船でスペイン南西部のパロス港を出帆し、カナリア諸島を経由して、一〇月一二日にはバハマ諸島のサン・サルバドル島に到着した。さらにキューバやエスパニョーラ島（現在のハイチ共和国とドミニカ共和国）などを探検し、一四九三年三月に帰還した。

カリブ海諸島では先住民（インディオ）に出会い、その印象を語っている（『コロンブス航海誌』）。「だれもみな姿がよく、美しい体つきであり、顔立ちもなかなか整っている」。「インディオたちは、何でも気前よくくれ、物惜しみしない」。しかし、次のようなことも述べている。「容易にキリスト教徒になるだろう」。「彼らはよい使用人になるだろう」。また、エスパニョーラ島では金を発見している。先住民や金の情報はすぐさまスペイン王室に伝えられた。

こうして一四九三年九月のコロンブスの第二回航海では、一七隻の船に千数百人のスペイン人を乗せて、エスパニョーラ島に向かった。その目的は先住民に対するキリスト教の布教と金の探索であった。

しかし、乗組員のほとんどは後者に血眼になったといわれている。先住民を駆りたて、金鉱に案内させたのである。これを証明するかのように、早くも一四九四年末には最初の先住民叛乱が勃発し、一〇人のスペイン人が殺されている。これに対してスペイン側も反撃し、多数の先住民が殺害され、残った者も捕虜にされた。翌年、このうちの約五五〇人が奴隷としてスペインに送られている。強制労働→叛乱→鎮圧・奴隷化→強制労働という苛烈なサイクルがまわりはじめていた。スペインによる新世界植民地化の第一歩であった。

旧世界との接触によって、先住民の人口が減少しはじめた。植民地の拠点がおかれたエスパニョーラ島は、先コロンブス期には二〇万~三〇万人の人口を数えていたが、早くも一五〇六年には六万人になり、一五一四年には一万四〇〇〇人に減少している。キューバでも同じく、六万人から一五四四年には一〇〇〇人に減少している。ほかの島々でも同様の事態が生じた。しかもこれは、新世界全体のもっと大規模な先住民人口激減の先駆けでしかなかったのである。

人口減少の直接的な原因は、ヨーロッパからもたらされた伝染病であった。天然痘、はしか、インフルエンザ、ペスト、チフスなど、先住民が免疫をもたない伝染病が猛威をふるった。しかし、これは単なる病理現象ではない。スペイン人が先住民を支配し、伝統的な社会構造や先住民文化を破壊し、肉体的・精神的外傷を負わせたことが背景にあったのである。

スペイン人はカリブ海諸島から、さらに大陸をめざした。一五一九年に、コロンブスから一世代あとのエルナン・コルテスは、アステカ王国領内に侵入し、二年後にテノチティトランの王宮を占拠した。こうして広大なヌエバ・エスパーニャ副王領創設の端緒が開かれた。

図 1-4　スペイン領アメリカとブラジル（増田義郎『大航海時代』講談社，1984年，160 頁に基づき作成）

さらに南の方に「黄金郷」があるとのうわさを聞きつけたスペイン人は、現在の中央アメリカや南アメリカに向けて探検を繰り返した。そしてたどりついたのがインカ帝国である。フランシスコ・ピサロは、一五三二年一一月にカハマルカでインカ皇帝アタワルパを捕らえ、身代金を要求しつづけた。さらに翌年七月には皇帝を処刑し、一一月に帝都クスコに入城、インカ帝国を支配し、ペルー副王領創設の端緒を開いた。

こうして一六世紀半ばまでに、現在のカリフォルニア、フロリダ、メキシコ、中央アメリカ、コロンビア、ベネズエラ、エクアドル、ペルー、ボリビア、チリ、アルゼンチンなどを含む、広大な植民地を築いたのである(図1-4)。スペイン領アメリカにおける富の源泉は主に銀であった。ヌエバ・エスパーニャ副王領のグアナファトやサカテカス、ペルー副王領のポトシには豊富な銀鉱脈があった。ここで採掘された銀はヨーロッパに運ばれ、いわゆる「価格革命」を引き起こし、さらにヨーロッパからアジアに運ばれ、アジアのさまざまな商品と交換された。銀による世界経済の大循環は、スペインの新大陸支配によって引き起こされたのであった。

アシエント奴隷貿易

銀の採掘現場は標高が高く、そこでの労働はもっぱら先住民に依存した。しかし一六世紀のあいだ、大陸の先住民人口はカリブ海諸島と同様に激減した。ヌエバ・エスパーニャ副王領では、アステカ王国時代には二五〇〇万人いた先住民が、一七世紀初頭には一〇〇万人強に激減した。ペルー副王領でも、インカ帝国時代には一〇〇〇万人いた先住民が、一五九〇年には一三〇万人に減少した。

カリブ海諸島を含む南北アメリカ全体では、先コロンブス期に推定で五五〇〇万人ほどいた先住民が、一七世紀初頭には一〇〇〇万人にまで減少したとされている。直接的原因はすでに触れたように伝染病であるが、スペインやポルトガルの植民地支配がその背景にあったことは間違いない。

植民地支配を進めるスペインにとって、先住民人口の減少を「穴埋め」する労働力が必要になった。それが、アフリカの各地から連行される黒人奴隷であった。

しかし、じつはスペイン人が奴隷貿易に直接参画することは、ほとんどなかった（のち一九世紀に、キューバの砂糖プランテーションに黒人奴隷を送りこんだのを除いて）。つまり一六世紀から一八世紀にかけての長い期間、スペイン領アメリカに連行された奴隷は、直接にはもっぱらスペイン以外の商人たちによって運ばれたのである。

大西洋奴隷貿易の歴史は、一国だけをみていたのではつかめない。そのことは、前節で説明したマクロ的な動向、そしてＴＳＴＤの画期性によっても理解していただけたと思う。ヨーロッパ各国は、一方では互いに競合しつつも、他方では国を越えて、奴隷貿易を推進していったのである。

そしてここで注目すべきは、スペインが奴隷貿易推進のために、「アシエント」という伝統的な制度を利用したことである。以下では、このアシエント奴隷貿易について詳しくみていこう。

「アシエント」はもともと、スペイン王室の公益事業またはその管理のために、王室と民間人とのあいだでとりかわされた請負契約のことであった。しかし一六世紀以降は、新世界征服と植民地開発にともなう労働力不足を解決する目的で黒人奴隷を導入するための請負契約を、もっぱら意味するようになった。

アシエントの最初の許可状は、一五一三年にスペイン王室によって発行されている。そこでは、契約者は奴隷一人当たり二ドゥカードの税を王室に納めなければならないと規定されていた(ドゥカードとはドゥカートともいい、もとはヴェネツィアの金貨)。このときは、ポルトガル商人によっていったんセビーリャに運ばれた奴隷をカリブ海諸島に輸出していたため、数は限られていた。そこで、スペイン王カルロス一世は一五一八年、寵臣のローラン・ド・グヴノーに褒賞として独占的許可状を与えた。これは、五年間に四〇〇〇人の黒人奴隷をカリブ海諸島に運ぶことができるという内容であった。彼はさらにこれをセビーリャ在住のジェノヴァ人に二万五〇〇〇ドゥカードで売却した。

一五二八年には、フッガー家と並ぶドイツの大富豪ウェルザー家の代理人に許可状が与えられている。四年間に四〇〇〇人の奴隷である。ウェルザー家は二万ドゥカードを王室に払い込んだ。この許可状では、奴隷の売却地としてキューバ、エスパニョーラ、ジャマイカのカリブ海諸島のほかにユカタン半島を含むメキシコ地域が加えられた。一五三二年にはアシエントの許可状発行の権限が、王室から、新世界との貿易を統括するインディアス商務院に移った。

こうして、一六世紀終わりまでに王室やインディアス商務院が発行した許可状は膨大な数にのぼった。契約を結んだ人物は、王室と特別の協約を結んだ商人・事業家、王の側近やインディアス商務院の関係者、征服・植民活動に貢献した者などさまざまである。しかし、許可状を付与された者が奴隷を供給するわけではなく、直接的に奴隷を供給したのはポルトガル商人であった。ちなみに、一六〇一—一七〇〇年にスペイン領アメリカに送りこまれた黒人奴隷数は、ＴＳＴＤ２に基づく推算では、約二〇万人である。

一五八〇年、ポルトガル王家アヴィス朝が途絶えたため、スペイン王フェリーペ二世がポルトガル王を兼ねることになった。いわゆる「同君連合」である。これによって、アシエントを付与される者と奴隷を実際に供給する者との分離が解消される可能性がでてきた。しかし、連合は形式的なもので、スペインとポルトガル間の対立、とくに貿易上の利害対立を即座に解きほぐすことはできなかった。

一五九五年にアシエント許可状が付与されたのは、ポルトガル人のペドロ・ゴメス・レイネールである。この契約では、毎年四二五〇人の黒人奴隷を九年間供給することとされ、植民地の入港先はカルタヘナ(現コロンビア)のみに指定された。この港は一七世紀を通じてスペイン領全体への奴隷受け入れ港として、その地位を保持していくことになる。レイネールはこの契約に対して、毎年一〇万ドゥカードを支払うことになった。

レイネールのアシエント権は一六〇〇年に破棄され、代わってポルトガルのアンゴラ総督であったJ・R・コウティーニョ、さらに一六一五年にはポルトガル商人のA・F・エルヴァス、一六二三年には同じくM・R・ラメーゴが、アシエント権を得ている。ラメーゴの契約内容は、期間八年で、毎年三五〇〇人の奴隷を供給し、契約料として年間一二万ドゥカードを支払うことであった。ラメーゴは、財政的に成功をおさめた最初の人と評されている。一六三一年から八年間は、二人のポルトガル人が共同でアシエント権を得ている。そして、一六四〇年にポルトガルがスペインから独立したことを契機に、一連のポルトガル人によるアシエント奴隷貿易は終止符を打つことになる。

こうして一七世紀の最初の四〇年間は、ポルトガル人がアシエント権を独占し、名実ともにスペイン領アメリカに奴隷を送りこんだ。入港地としては、上述のカルタヘナとともに一六一五年にベラ・クルス(現メキシコ)が追加されている。これは、メキシコおよびその周辺地域の奴隷需要が高まったからである。また、カルタヘナから陸路で奴隷を太平洋岸に運び、そこから海路でペルー副王領のリマにも運んだ。これは、スペイン人やクリオーリョ(現地生まれの人)からなる奴隷商集団によって担われた。

ポルトガル商人以降

一六四〇―一六六二年は、アシエントの空白期間であった。そして、一七世紀半ばまでにオランダ、それにやや遅れてイギリス、フランスがアフリカ沿岸およびカリブ海諸島に進出し、奴隷貿易のための拠点を開設するか、あるいはその準備を進めていた。

一五九〇年代に早くもオランダは、黄金海岸におけるポルトガルの拠点サン・ジョルジェ・ダ・ミナ砦を奪い、エルミナ砦を築いた。また、同じく奴隷集積地であったサン・トメ島も一五九〇年代末に奪った。オランダはまた、カリブ海諸島では一六三四年にスペインからベネズエラ北方のクラサオ島を奪い、新大陸では後述するように一六三〇年にブラジル北東部のペルナンブコを占領し、そこで栄えていた砂糖プランテーションを奪った。

イギリスは、アフリカのガンビアに拠点を築き、カリブ海諸島ではバルバドス、アンティグア、ジャマイカなどを植民地化していった。フランスは、アフリカではセネガル、奴隷海岸(ダホメ)に拠点を築き、カリブ海諸島ではマルティニーク、グアドループ、エスパニョーラ島西部のサン・ドマング(ハイチ)などを植民地化していった。イギリス領およびフランス領のカリブ海諸島はいずれもスペインから奪ったもので、のちに砂糖植民地として栄えていくことになる。

アシエントに話を戻そう。一六六二年にジェノヴァ商人D・グリッロおよびラメリーン家の三兄弟がアシエント権を手にいれた。「グリッロ契約」として知られるこのアシエントでは、毎年三五〇〇単位の奴隷を七年間運びこむことができ、契約料は毎年三〇万ペソであった。ここでいう「単位」とは、労働力としての奴隷の能力を基準にした計算単位で、たとえば健康な成人男性を一単位として、子どもなら五〜一〇歳で二分の一単位、一〇〜一五歳で三分の二単位などとされた。したがって、奴隷の人数は単位数よりも多くなる。次に述べるイギリス南海会社の場合、一単位=三分の四人程度であった。もうひとつの違いは、通貨単位としてスペインのペソ(銀貨)が用いられたことである。

ジェノヴァ商人にアシエント権が与えられたものの、それまでにスペイン領のプランターたちはオランダ商人との密貿易で奴隷を獲得していたため、ジェノヴァ商人がそこに割り込んでいくのは難しかった。それに、彼らの奴隷供給も主としてオランダ領のクラサオ島に依存せざるをえなかった。この島はカリブ海諸島におけるオランダの密貿易の拠点になっていたのである。ジェノヴァ商人は、オランダの密貿易業者と妥協して、一六六八年に契約を更新している。

続いて一六七四年、二人のカスティリア商人、A・ガルシアとS・シリセオがアシエント権を手にいれた。このアシエント業者は、アムステルダム銀行を後ろ盾にもち、オランダ西インド会社の出資者でもあったB・コイマンスから出資を受けていたが、一六七六年に破産にともない抵当にしていたアシエント権を失った。続いて一六七九年にジェノヴァ商人J・B・ポソがアシエント権を獲得し、さらに一六八二年に契約を更新するが、その後まもなく死亡したので、アシエント権は実質上、ポソのパートナーでオランダと密接な金融的結びつきをもっていたN・ポルシオのものとなった。

そしてついに一六八五年、先に触れたコイマンスがアシエント権を落札した。こうして、これまで密貿易などの「裏道」から奴隷をスペイン領に供給してきたオランダ商人が、名実ともにアシエント貿易に携わることになったのである。

その後、一六九六年に再びポルトガルのカシェーウ会社がアシエント権を獲得し、続いて一七〇一年にはフランスのギニア会社が手にいれた。ブルボン家ルイ一四世の孫アンジュー公が一七〇〇年、フェリーペ五世としてスペイン国王に宣せられ、フランス・スペイン間の蜜月関係が開始されたことを背景に、フランスがスペイン領アメリカへの奴隷貿易を独占することになったのである。この会社にはフランス王室とスペイン王室がそれぞれ四分の一ずつ出資した。しかし一七〇一年に、そのフェリーペのスペイン王位をめぐって始まったスペイン継承戦争が、奴隷供給の重大な阻害要因になった。結局、ギニア会社は一七一〇年に破産宣告を受けることになる。

イギリス南海会社

こうしてついに、アシエント権は一七一三年、スペイン継承戦争終結のためのユトレヒト条約によってイギリスの手に移る。イギリスはこの事業のために一七一一年に南海会社を設立していた。フランス・ギニア会社のアシエントは、実質上はともかく形式上は契約であったのに対して、イギリス南海会社のそれはイギリス・スペイン間の条約の一部として締結されたのである。

契約期間は一七一三―四三年の三〇年間という、これまででもっとも長い設定であった。毎年四八〇〇単位（約六四〇〇人）の奴隷をスペイン領アメリカに輸出でき、奴隷一単位当たり三三と三分の一ペソを関税として支払うという条項は、先のフランス・ギニア会社と同じである。そして、新たに追加された条項は、毎年スペイン領アメリカのどこかの都市で開かれる定期市に五〇〇トンの年次船を派遣し、商品を売りさばくことができるという権利である。それまでもアシエント業者がスペイン領で商品を売却していたことはあったが、それは密貿易であった。これが合法化されたわけである。

南海会社の奴隷貿易は実質的には一七一五年から開始されているが、年間六〇〇〇人を超える奴隷を供給することは南海会社の力量をこえていた。そこで南海会社は、奴隷貿易では先輩格にあたる王立アフリカ会社、および一七世紀終わり頃から奴隷貿易で実績を積んできた独立貿易商人と下請け契約を結んで、可能な限り多くの奴隷をスペイン領に輸出した。

王立アフリカ会社は、一六七二年にロンドンに設立された奴隷貿易のための国策会社で、すでに西アフリカの黄金海岸そのほかに拠点を設けていた。英領西インドや北米植民地に奴隷を供給してきたのである。また、王立アフリカ会社だけでは植民地側の需要を満たすことができなかったので、それを補充するために参画したのが各地の独立貿易商人である。そのなかでもブリストルとリヴァプールの商人が重要な役割を担った。

南海会社は、ジャマイカとバルバドスに代理人をおき、また、スペイン領の各地に商館を設立した。ハバナ、ベラ・クルス、ポルト・ベリョ、パナマ、カルタヘナ、カラカス、ブエノス・アイレスである。以前のアシエント業者よりも奴隷の受け入れ港が増えていることがわかる。

奴隷売買は各商館で行われ、現地商人が奴隷を買いとり、植民地の各地に運んだ。ポルト・ベリョやパナマからは奴隷を太平洋岸まで陸路で運び、そこから主としてペルー副王領に海路で運んだ。ブエノス・アイレスからもラプラタ川を使って上流域まで奴隷が運ばれた。

一七一四―三八年に、南海会社の奴隷船一三四隻がアフリカのどの地域に向かったのかを

表8　スペイン領アメリカ向け奴隷船390隻の出港地別船舶数(1715-38年)

出港地	船舶数(%)
アンゴラ	32(8.2)
黄金海岸	9(2.3)
マダガスカル	6(1.5)
ウィダ	6(1.5)
ジャマイカ	231(59.2)
バルバドス	33(8.5)
セント・クリストファー	39(10.0)
クラサオ	21(5.4)
シント・ユースタティウス	3(0.8)
アフリカ海岸(不特定)	10(2.6)
合　計	390(100.0)

出典) Palmer, *Human Cargoes*, p. 99.

C・パーマーが調査している。それによると、一番多かったのがアンゴラで四四隻、次に多いのが黄金海岸で三一隻、次が奴隷海岸で二五隻と続いている。アンゴラに向かった奴隷船のほとんどは、奴隷を積んでからブエノス・アイレスに向かったと考えられる。黄金海岸や奴隷海岸で奴隷を積み込んだ船はカリブ海諸島、メキシコ、中央アメリカに向かった。ただし一七三〇年以降、会社の奴隷船の行き先はもっぱらアンゴラだけとなった。というのは、カリブ海諸島、メキシコ、中央アメリカ向けの奴隷はジャマイカで調達され、ブエノス・アイレス向けだけがアンゴラから運ばれることになったからである。

次に、スペイン領アメリカ向けの奴隷船の出港地を示した表8をみると、先ほど述べたようにジャマイカが圧倒的に多いことがわかる。一七一九—二三年のジャマイカの奴隷輸入数と再輸出数をみると、二万九一九二人と一万五五二三人で、再輸出率は五三%である。ほかの時期をとっても再輸出率は三〇~五〇%程度であり、ジャマイカでは砂糖プランテーションのための奴隷の需要が高かっただけでなく、再輸出のための需要も高かったのである。再輸出先は北米植民地や仏領西インド諸島なども含まれているが、最大の再輸出先はスペイン領アメリカであった。ちなみに、オランダ領クラサオ島とシント・ユースタティウス島からも奴隷が運ばれているが、これはカラカス向けであった。

それでは、スペイン領アメリカの各商館にどれくらいの奴隷が運ばれたのであろうか。一七一五—三八年にパナマとポルト・ベリョに輸出された奴隷数は、一万九六六二人であった。この奴隷のほとんどは、ペルーのリマおよび南アメリカの太平洋岸の各地に運ばれた。ブエノス・アイレスには、同時期に一万六二二二人の奴隷が運ばれている。このうち約半数は地元で売却され、残りはアルゼンチン内陸部、ボリビア、チリ、ペルーなどに運ばれた。一七一四—三六年に、カルタヘナには一万五四九人の奴隷が運ばれている。ここから奴隷は、ヌエバ・グラナダ副王領の各地に運ばれた。ハバナには、一七一五—三八年に六三八七人が運ばれ、カラカスには、一七一五—三九年に五二四〇人が運ばれている。

南海会社のアシエント奴隷貿易は、契約で規定された奴隷数四八〇〇単位を輸出することができたのであろうか。貿易がまだ軌道にのっていない一七一四年および戦争期間を除外して推算すると、一七一五—一八年は年平均で三二〇〇人、一七二二—二六年は四六五〇人、一七三〇—三八年は三八九〇人であった。契約数には達していないものの、全体としてみれば、これまでの歴代のアシエント業者と比べると長期にわたってかなりの規模に達したといえる。

スペイン領アメリカの各地に導入された奴隷たちは、さまざまな労働現場で使役された。金・銀の採掘に動員されたことはすでに述べたが、各地のアシエンダ(大農場)における穀物、食肉、ワインなどの生産にも奴隷が使役された。もちろん、砂糖、カカオ、タバコ、綿花、コカなどのプランテーションでは、奴隷は主要な労働力であった。また、教会、修道院、コレヒオ(学校)などの使用人として、植民地官僚の使用人としても奴隷は使役された。

ヨーロッパ各国の奴隷貿易活動

スペインのアシエント奴隷貿易について詳しくみてきたが、章の最後に各国の動向をまとめてみよう(詳しくは『近代世界と奴隷制』第二章も参照いただきたい)。

ポルトガルが当初から大西洋奴隷貿易に関与していたことはすでに述べた。さらに一五〇〇年のカブラルによる航海以降、ポルトガルがブラジルを植民地化したのにともなって、この地への奴隷貿易が重要になってくる。ブラジルでは一六世紀後半から砂糖プランテーション(エンジェーニョ)が発展し、当初先住民(インディオ)の奴隷に依存していたが、主要な労働力がしだいにアフリカからの黒人奴隷に移行していくのである。砂糖生産の中心地は北東部のバイアとペルナンブコであった。一八世紀に入ると南東部北のミナス・ジェライスでの金鉱開発が盛んになり、ここでも多数の奴隷が使役された。

さらに一九世紀になると、あとの章で詳しく述べるように、南東部のリオ・デ・ジャネイロやサン・パウロでコーヒー栽培が発展し、やはり多くの奴隷が輸入されることになる。すでに触れたように、ブラジルは南北アメリカで最大の奴隷輸入地域・国であった。それにはポルトガル商人・ブラジル商人が参画していたのである。

ポルトガル商人のあとに続いたのはオランダであった。一七世紀にその主導的な活動を展開したのは、政府から独占権を与えられたオランダ西インド会社(一六二一年設立)である。この会社が一六三〇年にブラジル北東部のペルナンブコを占領し、植民地を築いた。すでに触れたように、ここはバイアと並んで砂糖プランテーションで栄えていた。ポルトガルの砂糖プランターは略奪を恐れて当初奥地に逃亡したが、オランダ総督の懐柔策によって三〇年代後半には戻ってきて生産の復興に努めた。彼らと並んでオランダ人のプランターも砂糖生産に乗りだした。こうして奴隷に対する需要が拡大した。

オランダの勢力は一六五四年にポルトガルによってペルナンブコから追いだされてしまうが、一七世紀後半には奴隷貿易の市場がスペイン領アメリカとギアナで見つかった。アシエント奴隷貿易におけるオランダの役割についてはすでに述べたところであり、西インド会社も一定の役割を果たした。ところが、一七世紀の終わり頃から独立貿易商人たちが台頭し、西インド会社の独占権に挑戦した。奴隷貿易における独占会社から独立貿易商人への活動主体の移行は、あとで述べるフランスやイギリスでも起こっている。

フランスの奴隷貿易はオランダよりやや遅れて開始された。フランス商人が本格的に奴隷貿易を始めるのは、一六六四年に独占的奴隷貿易会社、フランス西インド会社が設立されて以降である。七三年にはセネガル会社、八五年にはギニア会社が設立されている。こうした一連の独占会社の設立の目的は、奴隷貿易におけるオランダの支配を打破することであった。一六七七年にセネガンビア沿岸のゴレ島、その翌年にアルギン島をオランダから奪い、奴隷取引のための強固な拠点を築いた。その後奴隷海岸のウィダにも拠点を設けた。

図1-5　奴隷貿易の拠点だったゴレ島(現セネガル)は，世界遺産に登録されている　Geraint Rowland Photography/Moment/Getty Images

フランスの場合もオランダと同様、一七世紀終わりから独立貿易商人の活動が活発になり、彼らは西アフリカだけでなく、南のロアンゴやアンゴラまで勢力を拡大した。一八世紀フランス最大の奴隷貿易港となったナントから一七一一―七七年に出港した奴隷船のうち、四七二隻の行き先を取りあげると、セネガンビアを含む上ギニアに向かった船が一九一隻(四〇・五%)、黄金海岸と奴隷海岸に向かった船が一六六隻（三五・二％）、コンゴとアンゴラに向かった船が一一五隻（二四・四％）であった。この大部分が独立貿易商人によって担われた。ナント以外の奴隷貿易港として、ラ・ロシェル、ル・アーブル、ボルドーなどがある。

奴隷船によって運ばれた奴隷の行き先は、主として仏領西インド諸島のグアドループ、マルティニーク、サン・ドマング（ハイチ）であった。いずれも主要な生産物は砂糖である。一七八八年の仏領西インド諸島全体の人口規模は、白人五万五〇〇〇人、有色自由人三万二〇〇〇人に対して黒人奴隷が五九万四〇〇〇人であった。この三つの植民地のなかでもサン・ドマングが最大の奴隷人口を抱えていた。

奴隷貿易に本格的に参入したのがフランスとほぼ同時期であったイギリス最初の独占会社は、一六六〇年に設立された王立アフリカ企業家会社であった。しかし、この会社は第二次英蘭戦争のあおりを受けて一〇年足らずで解散に追いこまれた。その資産を受け継いで一六七二年に設立されたのが王立アフリカ会社である。

「王立」とは付くものの、企業形態はジョイント・ストック・カンパニー（株式会社）であり、ヨーク公（のちのジェームズ二世）をはじめ貴族、地主、役人、商人などが出資者となっている。アフリカ沿岸における交易範囲はセネガンビアからアンゴラまでの約二〇〇〇マイルに及ぶが、交易の中心はシエラ・レオネや風上海岸、黄金海岸、奴隷海岸であった。そのなかでも黄金海岸に築かれたケープ・コースト城砦は、西方のオランダのエルミナ砦に対抗して最強の要塞と守備隊を誇った。

この会社がアフリカで獲得した奴隷の多くは英領西インド諸島に運ばれた。そのなかでいち早く砂糖植民地として発展したバルバドス島には一六七〇年代、八〇年代に会社の総輸出奴隷数の四割が運ばれた。この島よりやや遅れて砂糖植民地として発展したジャマイカには同じく三分の一程度が運ばれた。そのほかリーワード諸島のニーヴィスやアンティグアなどにも多くの奴隷が輸出された。また一八世紀になると、すでに述べたように南海会社の下請けとしてスペイン領アメリカにも奴隷を輸出した。

しかし、オランダやフランスと同じように、一七世紀終わり頃から独立貿易商人の奴隷船の動きが活発になってきた。とくに一七三〇年代以降は彼らの活動が王立アフリカ会社や南海会社のそれを圧倒した。この二つの特許会社はロンドンを拠点にしていたが、一八世紀前半にはブリストルが奴隷貿易港として台頭し、その後半になるとリヴァプールが台頭した。一八世紀における出帆奴隷船の隻数でみると、一七〇〇年代ではロンドンが五九%を占めたが、一七三〇年代にはブリストルが四五%、五〇年代にはリヴァプールが六〇%を占めたのである。

最後に、北米植民地・アメリカ合衆国の奴隷貿易について触れておきたい。北米植民地商人が本格的に奴隷貿易に参入するのは一七三〇年代からである。彼らは、ヴァージニアのタバコプランテーションやカロライナの米・藍プランテーションに奴隷を供給しただけでなく、英領西インドや仏領西インド、スペイン領アメリカにも奴隷を送りこんだ。ただし、概略的にいえば、北米南部プランテーションへの奴隷供給はほとんどイギリス商人が引き受け、植民地の奴隷商人の多くはカリブ海諸島に奴隷を供給した。また時期的にみれば、アメリカ独立宣言以降の一八世紀最後の四半世紀にアメリカ商人の奴隷貿易はピークを迎えた。

奴隷船の主な出帆港は、マサチューセッツのボストン、セイラム、ロードアイランドのニューポート、プロヴィデンス、ブリストルであった。ロードアイランド商人は、一七〇八―一八〇七年に九三四隻の奴隷船をアフリカに派遣し、一〇万人強の奴隷を運んだと推定されている。彼らは、西インドから輸入した糖蜜を原料にしてラム酒を製造し、これをアフリカ市場で奴隷と交換していた。アメリカの奴隷船が「ラム船」と呼ばれる所以である。

こうして一五世紀半ばから一九世紀半ばまでの四世紀にわたって、大西洋奴隷貿易が行われた。ポルトガル、オランダ、フランス、イギリス、アメリカなどの奴隷商人が活発に貿易活動を展開した。これ以外にもデンマークやスウェーデン、ブランデンブルクでも少数ながら奴隷船が繰りだされた。

すでに紹介したように、TSTD2では三万五〇〇〇件以上の奴隷船の航海データがアップされているが、それぞれの奴隷船には、それぞれの物語がある。第2章では奴隷船そのものに焦点をあて、それを動かしていた人々を具体的に描いてみよう。

第2章
奴隷船を動かした者たち

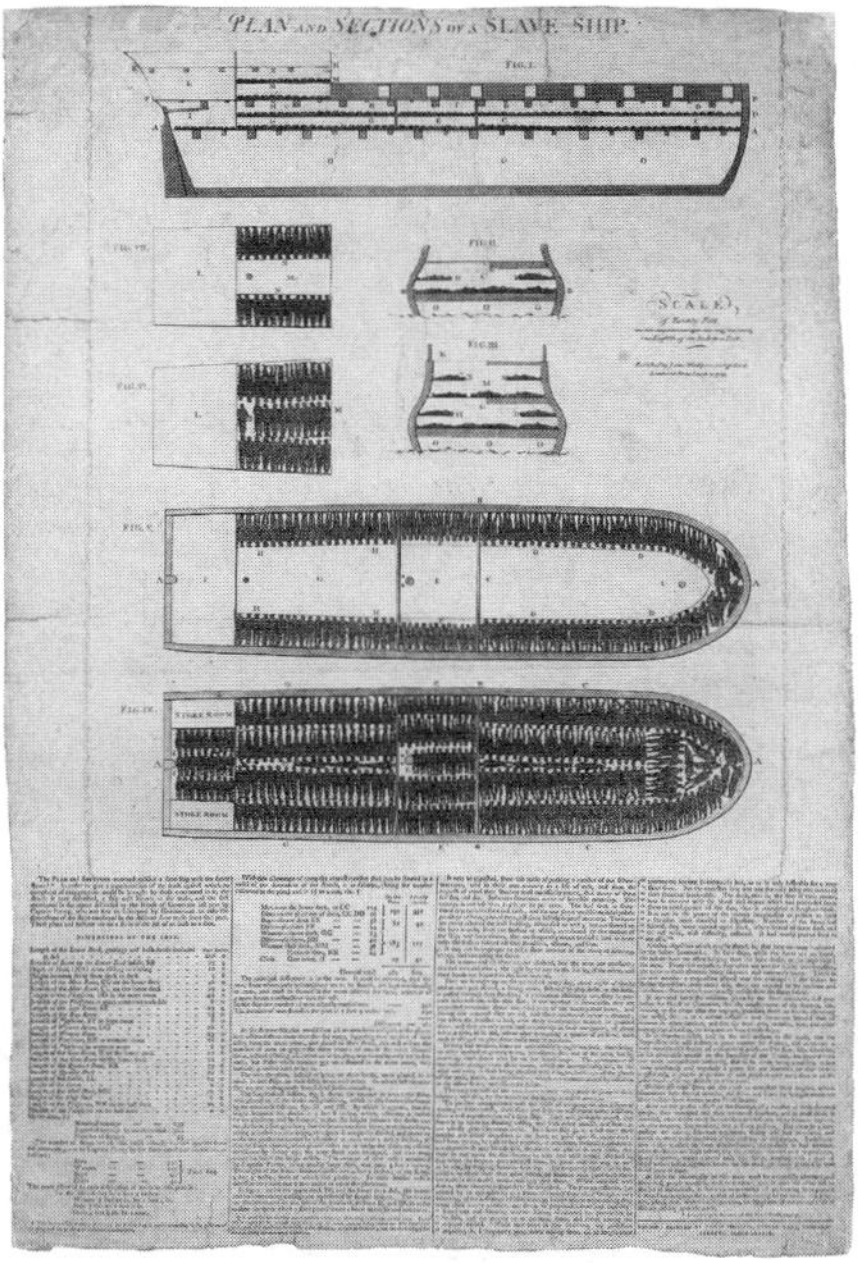

奴隷船ブルックス(Brooks)号の構造図(1789年). ロンドン・アボリション・コミティーによる改良版(国立海洋博物館)
National Maritime Museum, Greenwich, London, Michael Graham-Stewart Slavery Collection. Acquired with the assistance of the Heritage Lottery Fund

一　「移動する監獄」――奴隷船の構造と実態

奴隷船ブルックス号

まずは一枚の図像から話を始めよう。奴隷船ブルックス(Brooks)号の構造図である。奴隷貿易・奴隷制廃止の運動――アボリショニズム――については第3章・第4章で詳しく検討するが、これは一七八七年以降、イギリスでアボリショニズムが大衆的に高揚するうえで、非常に重要な役割を果たしたものだ。

「中間航路のアフリカ人たちの苦しみを理解できるよう、それも、苦しみを自分のことのように感じ、彼らがそこで体験する悲惨についてすぐさま世間に訴えられるよう、作られていた」と、運動の指導者のひとり、トマス・クラークソンはこの図像を評している。視覚イメージが一つの強いメッセージとなり、人々のあいだに広がっていったのである。

ブルックス号は実在の奴隷船であった。一七八一年にリヴァプールで建造され、少なくとも四回の航海を敢行している。船の大きさは二九七トンで、通常の奴隷船よりも大きかった。船名は所有者のひとり、ジョゼフ・ブルックス・ジュニアにちなんでいた。第一回航海は、一七八一年一〇月四日にリヴァプールを出航し、翌一七八二年一月一五日に黄金海岸のケープ・コースト城砦に到着している。同年七月一四日に六五〇人の奴隷を積み込んでここを出帆し、九月一二日にジャマイカのキングストンに到着している。中間航路で死亡した奴隷は四人であった。同年一二月二二日にキングストンを出航し、一七八三年二月二二日に帰還している。船長はクレメント・ノーブルで、乗組員は五八人、そのうち航海中に死亡した者は八人であった。

二回目は、一七八三年六月三日に出航し、ほぼ同じルートをたどって、帰還したのが翌年八月二八日であった。積み込んだ奴隷は六一九人で、中間航路で三三人が死亡、死亡率は五%であった。船長は同じで、乗組員は四六人、そのうち三人が航海中に死亡している。三回目は一七八五年二月二日に出航し、同じルートをたどって翌年四月一〇日に帰還している。積み込んだ奴隷数は七四〇人で、中間航路で死亡した奴隷は一〇五人にのぼり、死亡率は一四%になる。船長は同じで、乗組員は四七人、このうち何人が死亡したかは記されていない。

四回目の航海は、一七八六年一〇月一七日に出航し、やはりほぼ同じコースをとって、一七八八年二月八日に帰還している。積み込んだ奴隷は六〇九人、死亡した奴隷は一九人、死亡率は三%である。この航海データには奴隷の男女比が記されている。男性が五八%、女性が二一%、少年が一五%、少女が七%で、全体の男女比は男七三%、女二七%であった。船長は、トマス・モリノーに代わっており、乗組員は四五人、そのうち六人が航海途中で死亡している。

三回目の航海の奴隷死亡率が高くなっているのはなぜであろうか。当初は六〇〇人の奴隷を

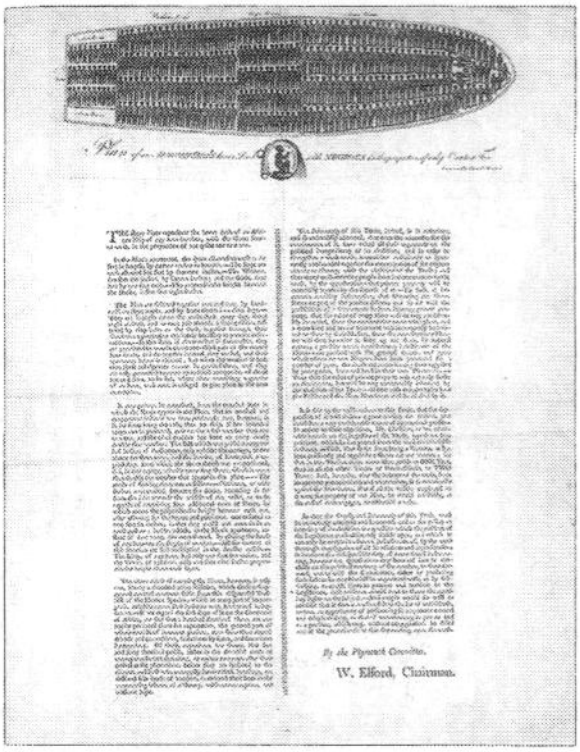
By the Plymouth Committee.
W. Elford, Chairman.

図 2-1　奴隷船ブルックス号の構造図(1788 年). プリマス支部が最初に作成した版の, ブリストルでの複製(レディカー『奴隷船の歴史』286 頁より)

黄金海岸で獲得する計画であったが、実際には一四〇人も多い奴隷が詰め込まれたからである。乗組員の死亡数が記されていないが、これも通常より多かったと想像される。この航海の結果を受けて、船長が交代させられたと思われる。

この四回の航海のあとしばらくして、一七九一年七月以降、同じ船名で奴隷貿易を六回行っていることも、TSTD2でわかっている。ただし、船の大きさは三一九トンに上がり、船の所有者も代わっている。船が売却され、新たなオーナーがオーバーホールして奴隷船として再び使ったものと思われる。一七八八年にドルベン法が制定され、積載量二〇〇トン以上の船舶については一トンにつき一人以下との規制ができたため、六回の航海とも奴隷の積載数はやや減っている。

さて、この奴隷船ブルックス号の図像が最初に作られたのは、一七八八年一一月、奴隷貿易廃止協会プリマス支部によってであった(図2-1)。四回目の航海が終わったあとである。この船は奴隷船としてはやや大きかったものの、よく知られていた。この図像は独立して間もないアメリカ合衆国のフィラデルフィアとニューヨークにも伝わり、図像はほぼそのままであったが、説明文には修正が加えられた。奴隷制そのものの廃止を促進する、という文言が付け加えられたのである。

やがてこの図像には、アボリショニズムの中心組織であったロンドン委員会(第3章参照)の手によって、さらなる改良が加えられた(本章扉)。プリマス版では下甲板の平面図が一つだけだったが、改良版ではこの図に加え、下甲板から七六センチほど上の平甲板に並べられた奴隷の平面図、それに船尾付近の半甲板に並べられた奴隷の図が二つ、縦構造を示した立面図が二つ、それに船全体の断面を示した立面図が一つ、合計七つである。

こうして奴隷船のなかに、奴隷たちがまるでモノのように隙間なくぎっしりと詰め込まれている様子が、リアルに描かれた。しかも、ここで示されている奴隷数は上述のドルベン法で規定された人数であって、実際に運ばれた人数はこれよりも多かったわけである。

奴隷船の構造

H・S・クラインは、ジャマイカに向かったイギリスの奴隷船の大きさの平均値を計算している。それによると、一六八〇年代の王立アフリカ会社の奴隷船の平均値は一四七トンで、同じく一六九一―一七一三年では一八六トンと少し大きい。一七八二―八七年の独立貿易商人の奴隷船の場合は、平均一六七トンとなっている。この時期になると、一〇〇トン以下の奴隷船は八%であり、また四〇〇トン以上の奴隷船は皆無である。

クラインによれば、こうして一八世紀中に、奴隷船の大きさは一〇〇~二〇〇トンに収束していったという。できるだけ多くの奴隷をアフリカ沿岸で短期間に獲得し、船上での奴隷の死亡率を下げるために中間航路の日数を少なくしようとしたのである。このクラスの船の長さは二四~二七メートル、幅が六~七・五メートルであった。船の腐食を防ぐために、またフナクイムシから守るために船底に銅製の板を張り付けていた。

船員の数は、通常の貿易船よりも二倍ほど多かったという。それは、奴隷を監視する要員が必要であったこと、また他国の奴隷船や海軍から身を守るために武装していたからである。すでにみたように、中間航路における船員の死亡率が奴隷のそれよりも高かった場合もかなりあったのである。

奴隷船のことを、マーカス・レディカーは「移動する監獄」あるいは「浮かぶ牢獄」と言ったが、まさに言い得て妙である。奴隷船に囚われの身となった黒人たちは、毎日一六時間あるいはそれ以上、身動きひとつできず板のうえに寝かされて、通常二カ月以上も大西洋上を航海するのである。奴隷たちには一日二回食事と水が与えられ、また生きながらえさせるために一日に一回は甲板上で音楽に合わせてダンスを踊らされた(図2-2)。赤痢や天然痘などの伝染病が流行しないよう、航海中何度か海水や酢、タバコの煙などによって洗浄された。「商品」である奴隷の死亡をできるかぎり少なくするという「経済効率」のためであった。

では、奴隷船は一般的に、どのような構造になっていたのであろうか。先の図像でもわかるように、男性奴隷たちは、主甲板の下にある下甲板に、二人ずつ手首と足首を鎖でつながれ、横たわっていた。主甲板と下甲板のあいだには平甲板があり、ここにも男たちが同様に横たわ

図 2-2　アフリカ沿岸から中間航路へ
（上）奴隷船への連行（*The Church Missionary Intelligencer*, vol. 7[1856]より）
（中）船内での拘束（Henry Howe, *Life and Death on the Ocean*, 1856 より）　Library of Congress/Corbis Historical/Getty Images
（下）ダンスを強要される（1830 年代頃の版画．ニューヨーク公共図書館）

っていた。平甲板は、船の壁面から内部へ一八〇センチほど張りだした棚である。梁までの高さが限られていたので、男たちはまっすぐに立つこともできなかった。

主甲板と下甲板を隔てている入り口には、木製の格子がとりつけられてあり、ここから外気が入るようになっていた。同様の理由で船の側面にもいくつかの通気窓があった。それでも外気が全体にいきわたることは難しく、不潔な、むっとするような空気に覆われていた。

下甲板の中央部分のメインマストのあたりから後方のミズンマストまでが、女性奴隷の居住区であった。男性居住区と女性居住区とのあいだに三〜五メートルほどの空間がとってあり、船員が船倉に向かうための通路となっていた。ブルックス号の場合には、空間のあとに少年居住区があり、そのあとに女性居住区、少女居住区(船尾)と続いていた。女性奴隷や少年・少女奴隷は通常鎖にはつながれておらず、身体的束縛は男性よりはましであったかもしれない。ただし、乗組員の欲望の餌食になる危険性がつねに存在した。なお、船倉には貿易用のさまざまな商品(綿織物、金属製品、ビーズ、ラム酒、銃、火薬など)、航海用備品(木材、ロープ、ろうそくなど)、食料、水などが蓄えられていた。

後甲板にはキャビンがあり、船長はここで事務的な作業や指令を出した。キャビンの下にも奴隷の居住空間があったので、その臭いが鼻についたという。船長室の隣にはもう一つのキャビンがあり、ここには船医と一等航海士が居住していた。水夫たちの場所はとくになく、彼らは適当な場所にハンモックを吊るし、寝ていた。

　また、船にはロングボートと、それよりも小さいヨールというボートが積まれていた。前者は全長九メートルほどあり、帆で走らせることも漕ぐこともできた。後者はこれよりも小さい

図 2-3　バリカド
(上左) 叛乱奴隷に対しバリカドの背後から銃を撃つ乗組員．スウェーデン生まれのアボリショニスト，ヴァードストレムの著作(Carl Bernhard Wadström, *An Essay on Colonization, Particularly Applied to the Western Coast of Africa*..., 1794)より
(上右・下) サン・ドマング(ハイチ)のル・カップで奴隷を売却するマリー・セラフィーク号(1773 年．ナント歴史博物館)にも，バリカドが見える．船上では購入希望者と思われる白人が多数いるが，その描かれ方は奴隷たちと対照的

船で、通常四〜六人の水夫が漕いで走らせた。この二つのボートは、アフリカ沿岸の取引では不可欠の役割を果たした。奴隷船は沖合に錨を下ろし、このボートで海岸とのあいだを行き来した。行きは商品を積み、帰りは奴隷を積んできたのである。現地のカヌーを使うこともあった。いわゆる「船上取引」である。

奴隷船の構造上もっとも特徴的なのがバリカド（バリケード）である（図2-3）。主甲板の後方に付けられた、高さ三メートルほどの頑丈な仕切り板のことだ。これによって男性奴隷と女性奴隷を隔て、また奴隷叛乱が起こったとき、船員たちがバリカドの背後すなわち女性奴隷の側

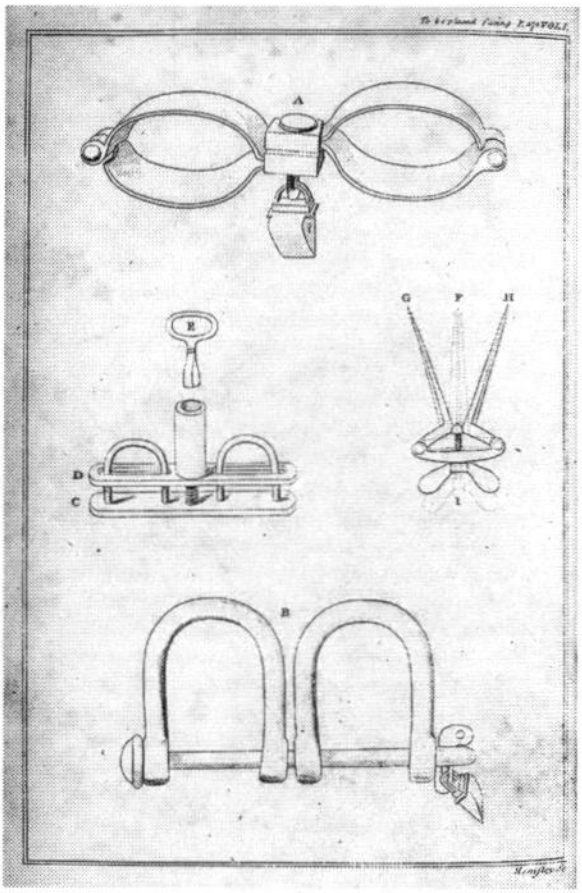

図 2-4　奴隷の拘束具（クラークソンの著作 *The History of the Rise, Progress, and Accomplishment of the Abolition of the African Slave-trade, by the British Parliament*, 1808 より）

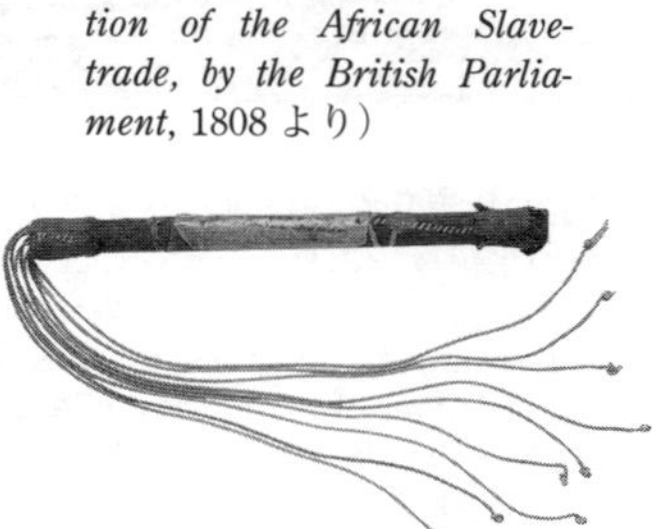

図 2-5　猫鞭．イギリス海軍で使われていたもの（国立海洋博物館）National Maritime Museum, Greenwich, London

に避難して、防御するのに使われたのである。また、主甲板で奴隷たちにダンスなどをさせているあいだ、武装した歩哨が銃をかまえて監視するのもこの場所であった。

武器庫は船長室の近くにおかれ、厳重な警備がしかれていた。船の調理室には大きなボイラーが備え付けられ、コックが毎日二回、奴隷と乗組員あわせて数百人分の食事を用意しなければならなかった。また、船の周りにはロープで編み上げたネットを張り巡らし、奴隷が海へ飛び込むのを防ごうとした。奴隷船には奴隷の拘束具もたくさん積み込まれていた。手枷(図2-4上)、足枷(同下)、首輪、鎖、焼印、あるいは拷問用のつまみねじ(同中左。両手の親指を締め上げる)などである。鞭は奴隷を威嚇したり、罰したりするために常時用いられた。なかでも「猫鞭」と呼ばれる、先が何本にも枝分かれしているものは、奴隷にもっとも苦痛を与えた(図2-5)。

奴隷船は、まさに「移動する監獄」であった。第3章で取りあげるアミスタッド号事件(一八三九年)を題材にしたスティーヴン・スピルバーグ監督の映画『アミスタッド』(一九九七年)でも、奴隷船における筆舌に尽くしがたい過酷な状況が、映像化されている。次に、奴隷たちのそうした境遇に、より深く立ち入ってみよう。

二　奴隷となったアフリカ人たち──人身売買、中間航路、叛乱

ダホメ王国と奴隷取引

大西洋に面するアフリカ沿岸の各地に、奴隷貿易のための拠点が広がっていた。西アフリカおよび西中央アフリカ、すなわちセネガンビアからシエラ・レオネの風上海岸、黄金海岸、奴隷海岸、ビアフラ湾岸、コンゴ、アンゴラと、六〇〇〇キロメートル以上続く海岸線に、また、モザンビークやマダガスカルといった南東アフリカに、ポルトガル(ブラジル)、オランダ、フランス、イギリス、スペイン、デンマークなどの貿易拠点が散在していた。

当時のアフリカには、多様な民族・語族によって形成された大小さまざまな社会が存在し、そのなかでも大きいものは王国として階層構造をもち、広大な領域を支配し、貿易によって利益をあげ、強大な軍隊組織をもっていた。

奴隷制はこうしたアフリカ社会で古くから存在し、社会機構の一つとして機能してきた。たとえば、一七世紀終わりから黄金海岸でヨーロッパ商人に奴隷を供給していたアシャンティ王国では、次のような奴隷が存在していたことが知られている。

債務奴隷(アウォア)は文字通り、借金返済のために自分自身あるいは身内を売り渡すことで

奴隷になった人々である。戦争捕虜（ドムム）とは、近隣地域に侵入し、戦争を仕掛け、そこでの捕虜を連れ帰り、奴隷にした人々であった。ドムムの変形として、戦争を避けるために近隣地域から前もって一定数の奴隷を納める貢納奴隷も存在した。そのほか、生贄《いけにえ》としてささげられるアクイェレや、誘拐され連行された奴隷、社会的規範を侵した犯罪者、飢饉のときなどに自分から身を売る自発奴隷なども存在した。これらのなかでヨーロッパの商人に売却されたのは、主に戦争捕虜や貢納奴隷、誘拐された人、重罪人であったと考えられる。

アシャンティ王国と並んで、一八世紀に奴隷貿易を国内の社会的機能として組み入れたのがダホメ王国であった。もともとはベニン湾岸より内陸部の王国であったが、アガジャ王の時代（在位一七〇八―三二）にベニン湾岸の奴隷貿易の拠点のひとつウィダを支配した。アガジャ王は奴隷貿易を独占し、王室の重要な収入源とした。ベニン湾岸には、フランス最大の奴隷貿易港ナントやその北のロリアン、ロンドンなどから奴隷船がやってきた。

ダホメ王国では毎年、モロコシ（コーリャンの一種）や米などの収穫のあと、王が数万人にのぼる軍隊を率いて近隣地域との戦闘に出かけたといわれている。捕虜を連れ帰って奴隷とし、一部を王室が取り、一部を武勇の報酬として隊長・兵士に与えたうえで、残りはヨーロッパ商人に売却した。

ヨーロッパ商人といっても、実際にアフリカ沿岸で奴隷取引を行ったのは奴隷船の船長であった。王の代理人と船長との奴隷取引の交渉過程は、たとえば以下のようであった。

船長はまず、何人の奴隷を購入したいのか、そのため奴隷一人当たりにどのような商品群を用意しているかを代理人に伝え、実際の商品サンプルを見せる。この商品群とは、一人の奴隷を得るために複数の商品を取り揃えるもので、一例をあげると、一人の女奴隷を得るために用意した取り揃え商品は、ブランデー三樽、一二三ポンドの重さの宝貝、ハンカチ二枚、プラテイル(綿織物)八枚、であった。ちなみに、宝貝はダホメでは装飾品に使用されると同時に貨幣でもあった(古代中国など、世界各地でも貨幣として用いられた例がある)。交渉が成立すると、ヨーロッパ側から王に関税(貢ぎ物)が支払われ、契約奴隷数が集まるまでの数カ月間、海岸で生活するための住居や台所、倉庫などがダホメ側から割り当てられた。

ダホメ側とヨーロッパ側の交渉は一見平和的なものに見えるのであるが、リヴァプールの奴隷船の船長であったジョン・ニュートン(後述)は、航海日誌に次のような言葉を残している。「私は心底から思うのだが、もしヨーロッパ人が奴隷と交換に品物を与えることによって人々をそそのかすのをやめるならば、アフリカで起こっている戦争の大部分はやむであろう。また、ヨーロッパ人は軍隊を送りこんでいるわけではないが、彼らの道は血にまみれている。売却されるために留保された捕虜は殺された者より少ない、と私は思う」。

もしこの言葉を信じるならば、第1章で紹介したエルティスとリチャードソンの推算値、すなわち新世界に生きて上陸した奴隷数一〇七〇万人をはるかに上回る人々が、アフリカ内部の戦闘で命を落としたことになる。

イクイアーノの生涯と奴隷船での体験

ブルックス号の図像と並んで、奴隷船の実態を知るうえで見逃すことのできない存在が、元黒人奴隷のオラウダ・イクイアーノ(図2-6)である。

イクイアーノは、一七四五年、現在のナイジェリアのエサカというイボ族の村に生まれ、一一歳の頃、村人が出払っていたとき、妹と自分が誘拐され奴隷として売られた、と自伝『アフリカ人、イクイアーノの生涯の興味深い物語』に記している。じつは、彼の出自については サウスカロライナ生まれだという異説もあり、議論が展開されている。ただ、かりに北米生まれであったとしても、彼は別のアフリカ人たちから奴隷船の恐怖の体験を聞き、自らの知識としてリアルに語っていることになる。ゆえに、その語りの価値が減じられる

図2-6　オラウダ・イクイアーノ(『アフリカ人，イクイアーノの生涯の興味深い物語』1789年より)

ことはないであろう。ともあれ、ナイジェリア生まれであるということを前提に話を進めていきたい。

イクイアーノは妹とともにまずアフリカ内でアフリカ人の奴隷にされたあと、妹と生き別れ、沿岸まで来たところで奴隷船に乗せられる。中間航路での体験はあとで詳しく触れるが、大西洋を渡ってまずバルバドスに到着する。彼はここのプランターには買われず、北米ヴァージニアのプランターに買われた。さらに、イギリス海軍の大尉M・H・パスカルに買われ、グスタヴス・ヴァッサと名付けられた。一七五七年にはイギリスに渡り、パスカルの命により七年戦争(一七五六―六三年)に参加している。

その後ロンドンで洗礼を受け、一七六三年にはクウェイカー教徒の商人R・キングに買われている。キングのもとで英領西インド諸島および北米植民地における貿易活動を行い、自身の商品も売りさばいて一定の蓄財をしている。これを元手に一七六六年、キングから自身を身請けし、自由人となった。

その後も各地で貿易活動を続けるが、一七八〇年代から奴隷解放の活動に関心をもち、その過程で一七八九年にこの本を出版し、亡くなるまでに九版を重ねた。一七九二年にはイングランド人の白人女性S・カレンと結婚している。彼女とのあいだに二女をもうけ、一七九七年にロンドンで死去した。

さて、彼の奴隷船での体験に移ろう。誘拐されてから六、七カ月後に海岸に到着し、内陸育ちのイクイアーノは海をはじめて見た。そして、沖合には奴隷船が錨を下ろして「積み荷」を待っていた。彼は乗船させられ、船員たちに健康であるかどうかを検査された。周りを見回すと、「巨大なかまどが煮えたぎり、あらゆる種類の大勢の黒人がいっしょに鎖でつながれ、そのすべての顔が失意と悲嘆の表情を浮かべている光景を目にした」。彼はそのまま甲板上で動けなくなり、気を失ってしまう。

しばらくして気がつくと、何人かの黒人がおり、イクイアーノは彼らに、自分が「白い男たち」に食べられてしまうのかと聞いたところ、そんなことはないとの答えが返ってきた。この黒人たちは、奴隷を船まで連れてくる仕事をしていたのである。

イクイアーノは下甲板に押し込められ、耐えがたい悪臭と奴隷たちの泣き叫ぶ声に悲嘆にくれ、何ひとつ口にいれたいと思わなかった。「白い男たち」が食べ物を差しだしたが、彼は拒否した。すると彼らはイクイアーノの足を縛り上げ、激しく鞭で打った。彼は死に救いを求めようとしたが、奴隷船の周囲には逃亡防止用ネットが張られ、容易にそれを乗り越えることができなくなっていた。しばらくしてイクイアーノと同郷の者が何人かいることがわかると、多少気が楽になった。彼らにこれからどうなるのかと尋ねたところ、「白い男たち」の国に連れていかれ、働かされるのだという。働かされるだけならそれほど絶望的でもない、と彼は思った。

イクイアーノは幼かったので、足枷もつけられなかったが、男性奴隷は下甲板で鎖に縛られ、耐えがたい悪臭にさいなまれ、大人数の奴隷がほとんど身動きのできないほどぎゅうぎゅう詰めに押し込められていた。暑さのため大量の汗が出て、悪臭が発生し、「空気はすぐに呼吸に適さないものになった」。それは奴隷のあいだに病気を蔓延させ、多くの者が死の淵をさまようのであった。またしばしば便所用の桶に子どもが落ちて、女たちの悲鳴が響きわたった。このように、奴隷船内ではまさに恐怖の連続であったという。

ある日のこと、鎖でいっしょにつながれた二人の疲れ果てた同郷人が死を望み、ネットをくぐり抜けて海に飛び込むという事件が起こった。その直後、もう一人、病気のため足枷を外されていた男も同じ行動を起こした。船員たちは船を止め、ボートを出して逃げた奴隷を追った。最初の二人はおぼれてしまったが、もう一人は捕らえられ、見せしめのために情け容赦なく鞭で打たれた。ほとんど毎日のように、瀕死の奴隷が甲板に運び上げられていくのを見て、彼らが死ぬという自由を享受していることをうらやましく感じた、とすらイクイアーノは述べている。

長い航海のすえ、奴隷船はバルバドス島のブリッジタウンの沖に錨を下ろした。夜であったにもかかわらず、多くの商人やプランターが船に乗り込んできた。イクイアーノたちはいくつかのグループに分けられ、健康状態などを検査された。彼らは陸地の方を指さして、イクイアーノたちがあそこに行くのだと伝えようとした。

奴隷たちは上陸させられると、すぐに商人の屋敷前の広場に連れていかれ、檻のなかに入れられた。そのときイクイアーノは、煉瓦づくりの高い家や馬に乗っている人を見て驚いている。それからすぐにドラムの音がして、買い主たちが広場に集まってきた。彼らは一番いいと思うグループを選ぶのである。

彼らは奴隷たちにとって、自分の運命を決めてしまう「破滅の代理人」にほかならなかった。親類同士や友人同士であっても、売却の過程で容赦なく引き離され、そのほとんどは二度と再会することはなかった。イクイアーノが知っていた何組かの兄弟は別々のグループに入れられ、売られていった。彼らが別れるときの泣き叫ぶ姿を間近に見て、「残酷の極み」だと述べている。

頻繁に起きた奴隷叛乱

イクイアーノはこのように、奴隷船にいるあいだ何度となく死を願ったと切実に語っている。この気持ちは彼だけではなく、奴隷船に乗せられたほとんどの者が抱いた感情であろう。そして、死を望む気持ちと、死を覚悟して奴隷船上で叛乱を起こすこととは、紙一重であった。

D・リチャードソンは、奴隷船は一〇隻に一隻の割合で蜂起を経験し、蜂起一回の平均死者数は約二五人であった、と述べている。TSTD2の各航海の項目の一つに「アフリカ人の抵抗(African resistance)」があり、奴隷叛乱が起こった証拠があれば、Slave insurrection と記されている。このような事例をいくつか取りあげてみよう。

一七五三年八月一四日にリヴァプールを出航した一本マストの小型のスループ船トマス(Thomas)号(三〇トン)は、ガンビアに向かい、そこで八八人の奴隷を獲得した。この奴隷たちはヨーロッパ製の武器の知識をもっていた。奴隷全員が自分で枷をはずし、主甲板に上がり、一等航海士を海に投げ入れた。他の乗組員は小銃を発砲し、奴隷たちを下甲板に押し戻した。しかし、奴隷たちは板切れなどで武装して主甲板に引き返し、乗組員七人と戦った。乗組員は追いつめられ、ロングボートで脱出した。こうして奴隷たちは解放された。

しかし、他の奴隷船がこの船を取り戻しにやってきた。奴隷たちは銃で応戦したが、結局鎮圧され、厳重な監視のもとカリブ海諸島のモントセラト島に送られた。荷揚げされた奴隷の数は六九人であった。リヴァプールに戻ってきたのは、一七五四年七月一六日であった。

じつは、この船は七月二〇日、再びすぐに同じ船長トマス・ホワイトサイドのもとでリヴァプールを出帆してガンビアに向かい、ここで八三人の奴隷を船に乗せている。乗組員を一〇人に増やしたにもかかわらず、この船はまたもや奴隷叛乱に遭っている。奴隷叛乱がどのように起こったのか、詳しいいきさつはわからないが、やはり鎮圧されて同じくモントセラト島に到着している。荷揚げされた奴隷の数は六五人であった。

大西洋史の研究者で『奴隷船の歴史』(二〇〇七年)を著したM・レディカーによれば、セネガンビア地域出身者は奴隷となることをことのほか嫌い、奴隷船上では危険な存在であるとみなされていた。王立アフリカ会社のある社員は、「ガンビア人は、元来怠け者で労働が大嫌い。奴隷になるのはとても耐えられない。そこで、自由になるためには、何だってするのだ」と語っている。

奴隷船での叛乱がこうして想像以上に頻繁に起こっていることがわかるが、じつは叛乱が成功した事例は少ない。やはりレディカーによれば、叛乱には三つの段階があるという。まず前提として、奴隷たちが意思疎通をはかることが必要であった。出身が多様な奴隷たちのあいだで、先のイクイアーノのようにまずは同郷の者たちが言葉を交わし始め、やがて叛乱の計画が進められる。叛乱の仲間に加わる人数が多いほど成功の確率は高くなるが、逆に誰かが密告する危険性も高くなるので、通常は少人数の信頼のおける奴隷たちが核になって計画を練り、実行に移そうとした。首謀者たちは、船倉、下甲板、主甲板、船長室、武器庫などの構造や位置を詳細に確認した。

そして第一段階として、いかにして体を自由に動かすことができるかが問題であった。手枷、足枷、鎖をどのようにはずすかである。枷のはめ方が緩い場合には、滑りをよくするものを使って枷から抜け出ることができた。また、鍵を釘や木の破片を使ってはずそうとした。あるいは、のこぎり、手斧、ナイフなどの鋭利な道具を使い、鉄枷そのものを壊した。こうした道具類は、比較的自由であった女性奴隷がうまく盗み取ってきた。

第二段階は、奴隷たちのいる下甲板と主甲板を隔てている格子を突破し、戦闘の開始である。鬨《とき》の声をあげ、首謀者たちだけでなく多くの奴隷がそれに応えることが重要であった。しかし、武器は板切れやオールなどしかなかった。女性奴隷たちも呼応したとすれば、バリカドのうしろ、船尾の方でも戦いが始まる。コックが使うナイフや手斧などを手に入れたかもしれない。

乗組員は全員甲板に駆けつけ、ピストルや銃を発砲し、叛乱の鎮圧にかかる。バリカド最上部の旋回砲も使って、奴隷たちを掃射する。叛乱が成功するためにはバリカドを突破し、占拠し、銃器を奪わなければならない。乗組員を殺すか、追いつめて船から脱出させるかすれば、この段階は終了する。

最後の第三段階は、奪取した奴隷船を操縦し、アフリカに帰還することである。奴隷たちのなかに船の操縦法を知っている者はほぼ皆無であったから、操縦法を知っている乗組員を生かしておいて、手伝わせることもあった。

こうした三段階を経て、奴隷叛乱が成功した例はほとんどない。しかし、一七二八年一〇月一日にロンドンを出帆したクレア(Clare)号の場合は、数少ない成功例のひとつである。ＴＳＴＤ２の航海番号七七〇五八にあたる。この船は、黄金海岸のケープ・コースト城砦で二七三人の奴隷を獲得したあと、すぐに叛乱が起こった。奴隷たちは銃器を使いこなし、船長および乗組員を追いたてた。彼らはロングボートに乗って、かろうじて脱出した。奴隷船は奴隷たちのものになり、ケープ・コースト城砦から遠くない海岸に到着し、自由になったのである。

奴隷船での叛乱のもっとも一般的な帰結は、叛乱が鎮圧され、首謀者がありとあらゆる手段で責め苦を負わされることであった。鞭で打たれ、ナイフやかみそりで耳を切り落とされ、骨を折られ、手足を切断された。最後に首をはねられ、殺されることもあった。見せしめのため、切断された体の一部が残りの者たちに配られることもあった。レディカーは、「奴隷船というのは、人間を支配すべく見事に組織された要塞であった」と述べている。

三　船長と水夫

「アメージング・グレース」とジョン・ニュートン

ここからは、奴隷たちを連行し、奴隷船を動かした人たちについてみていこう。

まず取りあげなければならないのは、奴隷船の船長であろう。船長は、後述する奴隷商人の意向を受けて、奴隷貿易と奴隷船の実際の動きをすべて統括する人物である。イギリス本国では、奴隷貿易のための商品群を選択・調達し、奴隷船の乗組員、すなわち船医や一等航海士、コックや水夫などを選抜しなければならない。アフリカのどの地域で奴隷を獲得するかによって、商品の種類は変化した。

図2-7　ジョン・ニュートン（レディカー『奴隷船の歴史』より）

　船長は、奴隷船上ではいわば専制君主のようにふるまった。船内の秩序を安定させるためには、乗組員を慎重に選ぶ必要があったし、反抗的な水夫に対しては枷をはめ、鞭打ちをした。アフリカ沿岸では数カ月におよぶ忍耐強い取引を指導し、中間航路になると、いつ起こるかもしれない奴隷叛乱に対処しなければならなかった。奴隷は「商品」であったから、自殺や死亡を抑えるための工夫もした。そして売却地に着けば、奴隷をすばやく高値で売りさばく必要があった。こうした一連の具体的な活動が、すべて船長の指揮下で行われたわけである。

　一八世紀半ば、リヴァプールから出帆した奴隷船の船長として、ジョン・ニュートン（一七二五―一八〇七、図2-7）の名前は、よく知られている。今や世界じゅうで歌われている「アメージング・グレース」は、一七七二年にジョン・ニュートンが賛美歌として作詞したものである。その時には彼はすでに奴隷貿易から足を洗い、牧師として活動していた。第3章でも触れるように、ニュートンは一七八〇年代後半には奴隷貿易廃止運動のなかで重要な働きをすることになる。奴隷船の船長として奴隷貿易活動に関与していたことを悔い、人々に奴隷貿易の罪深さを知らせるために活動したのである。

ジョン・ニュートンは一七二五年、ロンドンのテムズ河畔の一角ワッピングで生まれた。父親もまた同じ名前で、船乗りであった。母親は彼を牧師にしたいと望んでいたが、若くして肺結核で亡くなった。父が早々と再婚すると、彼はエセックス州の学校に送り込まれた。一〇代になると父のもとで海の仕事を手伝ったが、しばらくして父は海から引退し、息子の将来を古くからの友人ジョゼフ・マネスティに託した。マネスティは、大西洋貿易で成功をおさめたリヴァプールの商人であった。ニュートンは一七歳でリヴァプールに移り、地中海貿易の貿易船、またイギリス海軍の軍艦の乗組員として、経験を積んでいった。

軍艦ハリッチに少尉候補生として乗り込んでいたとき、艦長との折り合いが悪く、平の水夫に格下げされた。そしてマデイラ諸島の港で、彼はある商船の水夫と交換され、商船に乗り込むことになった。その商船は、奴隷船であった。さらにいくつかの転職を重ねて、水夫として乗った最後の奴隷船は、ブリストル船籍のレバント(Levant)号であった。この船はシエラ・レオネのバナナ島からジャマイカに向けて出帆しようとしていた。

しかし、ニュートンは奴隷船に乗り込みたくなかったので、現地にとどまり、あるイギリス商人の事業を手伝うことになった。シエラ・レオネのプランテン島を奴隷貿易の拠点とする事業であった。しかし、この転職は悲惨なものであるということがわかった。「食べ物も着るものもなく、並みの惨めさなど遥かに超えた窮乏ぶりであった」と、のちに記している。しかも彼はここで重い病気にかかっている。回復するまでに二年を要した。その間現地の住民と関わりをもち、そのままアフリカにとどまろうと考えたこともあったようだ。

そうしたなか、父が旧友のマネスティに助けを求め、息子はようやくリヴァプールに帰ることができた。一七四八年五月末のことである。

奴隷船の船長として

一七四八年夏、ジョン・ニュートンはブラウンロー(Brownlow)号という奴隷船で、はじめて大西洋奴隷貿易の航海に乗りだした。しかし、船長としてではなく、一等航海士としてであった。これまで彼は、さまざまな貿易航海やアフリカでの取引の経験を積み重ねてきたが、まだ弱冠二三歳であった。アフリカ沿岸での具体的な取引については経験があったが、奴隷船全体を指揮するには若すぎたし、乗組員を統率した経験がなかった。奴隷船の船長としての仕事のなかでもっとも困難であったのは、船上での秩序の維持である。彼は、将来自分が船長として奴隷船の指揮をとるための準備段階として、この航海に臨んだわけだ。

この航海は、順調というにはほど遠かった。シエラ・レオネや黄金海岸を約八カ月間行ったり来たりして、二一八人の奴隷を手にいれた。しかし奴隷叛乱が起こり、乗組員一人と奴隷四人が死亡した。また、中間航路では船上で病気が蔓延し、六二人の奴隷が死亡した。死亡率は二八％で、この時期の数値としてはかなり高い。排泄物や食物、水などから赤痢に感染したものと思われる。

船はアンティグアを経由して、北米植民地サウスカロライナのチャールストンに向かった。一七四九年八月一四日に『サウスカロライナ・ガゼット』紙がこの船の到着を報じている。六週間で奴隷に買い手がつき、一二月一日にリヴァプールに帰還した。ちなみに、彼は陸に上がっている短い期間に、長年恋い焦がれてきたメアリー・キャトレットに求婚し、翌一七五〇年二月にチャタムで結婚している。

結婚三カ月後、リヴァプールに戻ってきた。マネスティが彼に、今度は奴隷船の船長として指揮をとるようにと言ったからである。そして一七五〇年八月一一日、デューク・オブ・アーガイル(Duke of Argyle)号の船長としてニュートンはリヴァプールを出帆し、風上海岸に向かった。しかし、この船は一七二九年に建造された老朽船であった。ニュートン自身も「とても古く、まともとは思えない船」だと言っている。

彼が船長として直面した最初の問題は、乗組員、とくに水夫との関係であった。乗組員は三〇人であったが、そのなかには酔っ払いや混乱を引き起こそうとする者たちがいて、新米の船長にことあるごとに反抗した。ニュートンの方は、彼らの挑戦にはあらかじめ準備をして、違反行為に対して厳しく対処した。制御しきれない乗組員は、かつて自分も経験したようにイギリス海軍に引き渡そうと考えていた。ニュートンは、船の甲板長が秩序を乱したので、懲らしめるため三日間枷をはめたあと「服従」を誓わせた。他の乗組員たちにも鞭でもって罰を与えた。

この航海では、病気の蔓延により中間航路も含めて乗組員の死亡は七人にのぼり、死亡率は二三％であった。奴隷と同じかそれ以上に、乗組員の死亡率も高かったのである。

奴隷は、一人、二人と獲得された。時おり集団で奴隷が持ちこまれることもあったが、ニュートンは奴隷の年齢や肌の色つや、価格などを慎重に吟味し、折り合わない場合には妥協せず、取引を拒絶した。船の下甲板には集められた奴隷が徐々に増えていった。奴隷には番号が付けられ、航海日誌にはその特徴が記されている。奴隷が増えるにつれて乗組員の仕事も増えていった。食事を与え、清潔にし、病気になった奴隷を隔離しなければならなかった。また、奴隷の態度を注意深く観察し、叛乱の企てを未然に防がなければならなかった。こうした奴隷船上でのさまざまな動きを全体として監視し、統制し、指令を下すのが、ニュートンの仕事であった。

一五六人の奴隷を乗せ、この船が出帆したのが一七五一年五月二二日、目的地のアンティグアに着いたのが、七月三日であった。中間航路で奴隷は一〇人死亡した。乗組員は、死亡した奴隷をすぐさま船外に投げ捨てた。これも航海日誌に番号で記された。アンティグアに上陸中、ニュートンは船上でもっとも信頼できたロバート・アーサーという船医を熱病によって失ってしまった。その失意の様子を新妻のメアリーに手紙で知らせている。

アンティグアからリヴァプールに向けて出港したのは、八月一三日であった。この帰還の航海も危険なものとなった。船が大西洋上で何度も嵐に見舞われたからである。しかも船は老朽船であったから、大破する寸前までいった。アイルランドの南端を通過して、一〇月八日にリヴァプールに着いた。出発から帰還まで約一四カ月かかっている。この航海でニュートンが受け取った報酬は、二五七ポンドであった。これは水夫のそれの一〇倍以上であった。奴隷貿易は、船長にとってももうかる事業なのであった。

この成功に満足した船主のマネスティは、ニュートンに次の仕事をもってきた。今度は老朽船ではなく、新造船のアフリカン(African)号であった。一七五二年六月三〇日にリヴァプールを出帆し、八月半ばまでにはシエラ・レオネの海岸を、奴隷を求めて航海していた。ここでもニュートンは、求めるべき奴隷の「品質」や価格をあらかじめ想定していて、それにそぐわない奴隷をあえて買おうとはしなかった。

この航海でも乗組員が問題を起こした。二人がボートを盗んで脱走したうえ、前回と同じく病気にかかる乗組員が続出した。しかし、アフリカの海岸で亡くなったのは一人だけであった。そのうちマネスティからの手紙が到着し、予定していたアンティグアではなくセント・キッツ島に向かうように指示された。意外に思えるが、当時こうした手紙のやりとりは、船が多数アフリカにやってきていたので、頻繁に行われていたのである。ニュートンが妻のメアリーに宛てた手紙もアフリカやその他の地点からイギリスに届けられた。

奴隷が増えるにつれて、監視体制を強化する必要があった。乗組員が海岸で取引を行っている際は、船の中が人手不足に陥った。奴隷たちは脱走や反抗の機会を狙って、監視体制が緩むのを窺っていたのである。ニュートンは一七五二年一二月初め、奴隷たちの叛乱計画を事前に察知した。彼らがナイフや石、砲丸、たがねなどを隠しもっていたのである。叛乱計画の全容を白状させるため、少年の奴隷たちをつまみねじで締めあげた。他方、乗組員にも反抗的な者がいた。こうした者はすぐに下船させ、最終的にイギリス海軍の軍艦に追いやって危険を回避した。

すでに述べたように、一八世紀は大西洋奴隷貿易の最盛期であった。この時期には、ヨーロッパ諸国の多くの奴隷船がアフリカの貿易拠点に現れたので、取引は激しい競争のもとで行われた。一七五三年三月になってもニュートンはまだ予定の奴隷数を手に入れておらず、弱気な手紙をメアリーに送っている。「私はもう七カ月近く沿岸にいるのに、まだここをいつ離れようか、判断することができず、最終的に航海が失敗に終わってしまうだろうことも予期せざるをえない」。彼は毎日、全能の神と精神的に交流することによって、また、愛する妻に頻繁に手紙を書くことによって、精神を安定させていた。

一カ月後の四月二六日、セント・キッツ島に向けて出帆した。中間航路は順調に進んだが、それでも二〇七人を積み込んだにもかかわらず、荷揚げされたときに奴隷は一六七人になっていた。死亡率はこの時期としてはやはり高く、一九％である。乗組員は当初二六人であったが、アフリカ沿岸を出発するときには二二人になり、さらに中間航路で一人が死亡した。セント・キッツ島での奴隷の売却は比較的スムーズに進行し、六月二〇日までには全部の奴隷が売却された。このことも詳しくメアリーに手紙で知らせている。この航海も結果的には利益のあがるものとなり、ニュートンは報酬として二四七ポンドを受け取った。

水夫の調達

奴隷船を実際に動かしていた者たちのトップが船長だとすると、その下に船医や一等航海士、二等航海士、甲板長や料理長がいた。そしてさらに下には、彼らの指示のもとで働く水夫たちがいたのである。乗組員の約三分の二が平の水夫であったと考えられる。

奴隷船での労働は過酷であり、賃金もそれほど高かったわけではなく、生命の危険も大きかったから、水夫をかき集めることはかなり難しかったと想像できる。ちなみに、水夫の賃金は一八世紀初め、平時には月四〇シリング、戦時には六〇〜七〇シリングであった。年収に直すと平時で二四ポンドとなる。奴隷商人と船長はどのようにして水夫を集めたのか。奴隷船が一種の「監獄船」であってみれば、水夫自身が監獄行きを免れない状況になってはじめて奴隷船に乗る覚悟を決める、あるいは、覚悟を決める前に強制的に乗船させられるのである。

水夫になりたくて奴隷船に乗り込んだ者も例外的にはいた。しかしその場合でも、たいていが奴隷船上での仕事内容を知らずに契約書にサインした、無知な若者がほとんどである。ある人物は、酒場で騒ぎを起こし、監獄にぶちこまれることを繰り返し、最終的に奴隷船に乗り込んでいる。もっとも一般的なのは、宿屋や酒場などで借金をため込んで、返済のために奴隷船に乗り込んだというもので、水夫自身が債務奴隷であったわけである。あるいは、奴隷商人や船長が細工をして、そういう窮地に追い込むという場合もあった。彼らは総じて、もっとも貧しい労働者か浮浪者であったといえる。

しかも、彼らの出自はさまざまであった。イギリス人といってもウェールズ人やスコットランド人、アイルランド人も含まれていた。ヨーロッパ大陸出身のポルトガル人、スウェーデン人、デンマーク人、イタリア人、あるいはアジアからの、たとえばベンガル人なども含まれていた。また、北米植民地出身の水夫も多数存在した。

アフリカ出身の水夫も多かった。たとえば、一七八〇年一〇月にリヴァプールを出帆した奴隷船ホーク(Hawke)号は、リヴァプールで水夫を含む乗組員を雇い、黄金海岸やカメルーン川を航行し、四一二人の奴隷を獲得した。中間航路では三五人が死亡し、セント・ルシアで三七七人を荷揚げしている。乗組員は最初四二人であったが、一〇人死亡している。このため黄金海岸で六人の水夫を雇っており、彼らはすべてファンティの人々であった。このホーク号についてはあとでも取りあげたい。

E・クリストファーによれば、一七八五年八月にアメリカ合衆国ヴァージニア州のノーフォークを出帆しアフリカに向かっていた奴隷船アミティ(Amity)号は、水夫の叛乱を経験している。この叛乱には、ディックとウィルという名前の奴隷も関与していた。彼らは船長ジェームズ・ダンケイソンの奴隷でこの船で水夫として働いていた。叛乱のリーダーは、リチャード・スクワイアというイギリス人水夫であった。スチュワートというボストン出身のムラート(白人と黒人との混血)や二人のアイルランド人のほか、アメリカ先住民(インディアン)やアジア出身者もこれに加わっていた。

水夫が多様なルーツをもっていた事例である。ただ、この叛乱は鎮圧され、船は予定通りアフリカに行き、一〇七人の奴隷を積み込み(中間航路で八人が死亡)、セント・キッツ島で売却している。

水夫の仕事

奴隷船における水夫の仕事に話を移そう。

ヨーロッパの港からアフリカに向かう奴隷貿易の第一辺での水夫の仕事は、ほかの種類の航海でのそれとあまり違いはない。朝の八時から夕方の六時まで、甲板上で船長や一等航海士らの指示のもと規則正しく働き、夜は交代制で見張りについた。船の帆を広げたり、巻き上げたり、たたんだりして航行を制御した。奴隷船ならではの仕事といえば、武装した見張りをおき、他国籍の奴隷船や海軍の動きを警戒しなければならなかったことだ。また、小火器や旋回砲の手入れ、買い入れた奴隷の逃亡や自殺を防ぐネットを編む仕事もあった。船がアフリカに近づくと水夫は船倉や下甲板に降りていき、取引のための商品を運び上げた。

アフリカの海岸に近づき、奴隷の取引が始まると、水夫の仕事の量は一挙に増え、また質も変化した。奴隷貿易の拠点を定め、錨を下ろし、船と海岸とのあいだをヨールやロングボートを使って行き来し、奴隷を集めるのであるが、思い通りに取引が進まない場合には船を動かし、別の拠点に行かねばならなかった。先にニュートンの奴隷貿易で具体的にみたように、奴隷を獲得するために半年かそれ以上、アフリカの海岸にとどまることもあった。そのあいだに主甲板を覆う屋根を作った。これは熱帯の強い日射しを遮るためであった。

奴隷を獲得し、船に積み込みはじめると、男性奴隷には二人ひと組で手枷・足枷をつけた。一人の奴隷の右手首と右足をもう一人の左手首と左足につなぐのである。奴隷が増えるにつれ、水夫の仕事量が増えてくる。彼らは奴隷たちを監視しなければならないと同時に、日常的な世話もしなければならなかった。毎日一回は奴隷たちを主甲板に上げ、音楽にあわせてダンスをさせた。食料や水を与え、排便の世話もした。排泄用のバケツの処理は水夫がもっとも嫌がった仕事であった。中間航路に乗りだすための予行演習をしていたことになる。

水夫が嫌がったもうひとつの仕事は、夜間に下甲板で眠っている男性奴隷を監視することであった。奴隷たちは夜間に叛乱の計画を相談し、実行に移す場合があった。それを阻止するために四時間交代で看守を務めたのである。寝つけなくて、故郷を思い出し、涙を流す奴隷や、手枷・足枷をカタカタと鳴らす奴隷がいた。アフリカ出身の水夫は、同郷の奴隷と言葉を交わし、身の上話をすることもあったようだ。ただし、反抗的な奴隷に対しては鞭を与えた。船上で暴力的手段が使えるのは、船長、航海士、船医らの上級船員だけであった。水夫が猫鞭を使えるのは、上からの命令を受けたときだけであった。

奴隷船が目的地に近づくと、奴隷を売るための準備にとりかかった。手枷・足枷をとりはずし、長期の航海でついた傷を癒さなければならなかった。また、身体全体を洗い、毛をそり、清潔にした。最後に、ヤシ油をすりこみ、見栄えをよくした。食事も塩漬け肉などを多くし、体重をできるだけ回復させようとした。いずれも、「商品」としての奴隷の価値を高めるための手段であった。

水夫を待ち受けていた運命

奴隷貿易における水夫の死亡率が、奴隷と同等か、あるいはそれ以上であったということはすでに述べた。アフリカ沿岸に半年以上とどまり、船長や航海士の命令のもとで取引を実際に行ったのは水夫であり、現地の商人や奴隷とじかに接触する機会も多かった。アフリカ沿岸での死亡原因は、マラリアや黄熱病といった蚊を媒介とする熱病であった。また、中間航路では赤痢や天然痘などの伝染病が奴隷に広まった際に、水夫や他の乗組員にも感染する可能性があった。

水夫の労働環境は、アフリカ沿岸から中間航路まで非常に過酷であったので、体力が消耗している際に病気になる確率が高くなったと考えられる。奴隷叛乱でうけた傷が原因で、また船長や航海士から懲罰のために暴力を受けて、死亡することもあった。

そしてさらに、中間航路を終えて目的地に到着したあとにも、水夫には災難が待ちうけていた。奴隷を荷揚げし、売却すれば、奴隷船は母港に帰るだけである。第三辺では、水夫のやるべき仕事は極端に減ったのである。たとえば、当初三〇人の水夫がいた場合には、第二辺までは彼らは必要であったが、第三辺ではその半分以上が必要ではなくなる。中間航路までにすでに何人かは死亡し、また帰国せずに当地に残ることを選択する者もいたが、それでも多くの水夫は故郷に戻り、苦労して稼いだ賃金を家族に渡したいと望んだ。

しかし船長にとっては、余剰人員を抱えて帰国することは無駄なコストであり、ある算段をめぐらした。すなわち、中間航路が終わりに近づいた頃から船長は航海士と結託して、水夫に対して極めて過酷な扱いを始めるのである。さしたる理由もなく鞭打ちをしたり、食事を制限したりした。イギリス議会でも一七九〇年、「船長の多くが乗組員を厄介払いしようとして、彼らに過酷な扱いをしている」という批判がなされている。健康状態が悪化し、皮膚病や潰瘍にやられた水夫は、なすすべもなく、乞食にならざるをえなかった。

奴隷の死亡率は一七世紀から一八世紀にかけて徐々に減少していったが、乗組員の死亡率はそれほど減っていない。クラークソンが調査した結果では、一七八六―八七年にリヴァプールから出航した奴隷船の乗組員三一七〇人のうち、帰還したのはたった四五%で、死亡が確認できたのが二〇%、アフリカあるいは南北アメリカで消えてしまったのが三五%であった。最後の数値は意味深長であるが、アフリカ沿岸で逃亡したか、自分の意志で船を下りた者、さらに打ち棄てられた者などが含まれている。

四　奴隷商人とエージェント——奴隷船を操る者たち

奴隷商人ダヴェンポート

一八紀後半におけるイギリス、ひいてはヨーロッパ最大の奴隷貿易港は、ここまでに何度か言及してきたリヴァプールである。K・モーガンによれば、リヴァプールの奴隷商人は一七五〇年に約二〇万ポンドを奴隷貿易に投資し、一八〇〇年には一〇〇万ポンド以上を投資したという。また、イギリスで奴隷貿易が禁止される一八〇七年には、リヴァプールだけで二六四万一二〇〇ポンドが奴隷貿易に投資されていた。リヴァプールの奴隷船は、総数一一七万人以上の奴隷を運んだと見積もられている。

奴隷商人は、自ら所有するかレンタルした奴隷船を艤装し、船長や乗組員を雇い、奴隷と交換する商品を取り揃え、関税を支払い、保険をかけた。つまり、彼らは奴隷貿易全体を組織し、それに投資をする人々であった。

D・ポウプによれば、一七五〇—九九年のリヴァプールには一三五〇人以上の奴隷貿易投資家がいた。このうちかなりの部分は小規模の投資家で、一、二回投資したのちにこの貿易から離れたという。ポウプはまた、一八世紀後半にリヴァプールの奴隷商人の中核を成していた二〇一人を抽出し、その氏名、奴隷貿易への投資回数、財産などを分析している。

このなかで中堅的な位置にいた一人が、ウィリアム・ダヴェンポート（一七二五―九七）である。

長澤勢理香はこのダヴェンポートに注目し、彼が投資した奴隷船ホーク号の三回の航海を分析している。彼女によれば、ダヴェンポートは生涯でおよそ七〇隻の奴隷船、のべ約一六〇回の奴隷貿易に投資した。その総額は一二万ポンドに達するという。彼は、奴隷以外に象牙や砂糖、タバコ、あるいはビーズなどの取引も行っていたが、事業の中心は奴隷貿易であった。このなかで一七七九年、一七八〇年、一七八一年にホーク号によって行われた奴隷貿易の収支が明らかにされている。

ホーク号の第一回航海は、一七七九年六月六日にスタートしている。船長はJ・スメイル、乗組員は四二人であった。ビアフラ湾のカメルーン川近辺で奴隷四〇二人を獲得し、ジャマイカのキングストンに着いたのは翌一七八〇年二月一七日で、中間航路で三四人が死亡している。リヴァプールに帰還したのは同年七月二四日であった。

この航海の収支表が表9である。支出項目では、まず船体とその艤装費用が二四三〇ポンドで、奴隷と交換する積み荷が三二八二ポンドとなっている。積み荷のなかでもっとも多いのが

表9　ホーク号第1回航海の収支

（単位：ポンド）

支出項目	金　額	収入項目	金　額
船体と艤装	2,430	368人の奴隷の売上高	9,909
積み荷	3,282	象牙の売上高	2,697
内訳　ビーズ	1,351	貨物輸送による利益	801
織物	228	船体と艤装の見積評価額	1,000
真鍮	507		
鉄器	486		
衣類	135		
武器	151		
酒類	110		
ガラス器・陶磁器	96		
ナイフ	54		
食料品・雑貨	164		
船員の賃金・食料	1,074		
拿捕免許状	34		
関税	142		
雑費	103		
合　計	7,065	合　計	14,407

出典）長澤勢理香『18世紀後半におけるイギリス奴隷貿易の支払手段およびその重要性』(同志社大学・学位論文)21頁.

注）シリング以下は切り捨て.

ビーズで、一三五一ポンドであるが、これはダヴェンポートが奴隷貿易用にヴェネツィアからビーズを大量に輸入していたからである。ビーズはアフリカでは装飾品として好まれた。また、ヴェネツィアでは中世以来ガラス工芸が盛んで、ビーズは主要輸出商品のひとつだったのである。そのほか、織物(おそらくは綿織物)、真《しん》鍮《ちゅう》、鉄器、武器、衣類、酒類、食料品・雑貨が並んでいる。船員の賃金・食料が一〇七四ポンドで、このなかには船長の報酬も含まれている。

興味深いのは、「拿捕免許状」という項目である。これは戦争状態にある場合、敵国、たとえばフランスの船を拿捕してもよいという許可状のことである。一種の海賊行為を政府が公に認めたものであり、奴隷船は私掠活動も行っていたことになる。もちろん、逆にフランスの奴隷船にも同様の権利が認められていたわけである。

他方、収入は、三六八人の奴隷の売上高が九九〇九ポンド、象牙の売上高が二六九七ポンド、その他を合わせて一万四四〇七ポンドであった。差し引き七三四二ポンド、一〇〇％以上の利潤率である。

第二回航海は、一七八〇年一〇月二八日にリヴァプールを出航し、翌年九月二〇日に帰還している。奴隷獲得のための行き先は第一回と同じであるが、売却先はセント・ルシアであった。四一二人の奴隷を買いとり、三七七人を売却している。この航海で特筆すべきは、セント・ルシアからリヴァプールに帰還する途中でフランス船ジューン・エミリア(Jeune Emilia)号を拿捕し、帰還後に約三七〇〇ポンドで売却していることである。また、セント・ルシアで砂糖、コーヒーなどの植民地物産を購入し本国で売却してもおり、この航海の利益は九〇〇〇ポンド近くになっている。

ところが、第三回航海(一七八一年一二月七日出航)では、奴隷を積み込む前に逆にフランス船に拿捕されてしまう。損失は約六二九一ポンドにのぼった。

この事例が示すように、奴隷貿易は非常にリスキーな事業であった。うまくいけば一〇〇％前後の利益が得られたが、敵船に拿捕される危険がつきまとっていた。とくに戦時にはそうであった。また、すでに述べたように、船内における奴隷叛乱の危険性はつねに存在していたし、嵐に遭遇することもあった。一航海に要する原資は六〇〇〇～七〇〇〇ポンドくらいであったので、これをすべて一人の奴隷商人が負担することは少なく、何人かでシェアしていた。すなわち、奴隷商人たちは一回ごとにパートナーシップを組み、資金を出しあっていたのである。もちろん、利益も投資額に応じて分配された。

奴隷商人の富

先に触れたポウプに依拠して、リヴァプールの主要奴隷商人二〇一人の人物像を多面的に明らかにしていきたい。

奴隷商人の父親の職業は、二〇一人中一三〇人分がわかっている。彼らは、いくばくかの財産を所有しているか、貿易業者か職人であった。一〇八人は被雇用者であり、このうち八〇人は船長で、そのうち七一人は奴隷船の船長であった。残りの二八人は職人であり、船大工、樽職人、製帆業者、配管工などであった。貧しい労働者出身はいない。奴隷商人は比較的つつましやかな家系の出身者が多かったことになるが、社会経済的背景が何であれ、彼らの息子は奴隷貿易に投資することによって富を獲得・増加させ、ライフスタイルを向上させようとしたことは確かである。

また、二〇一人のうち九四人の残した財産がわかっている。一〇〇〇〜九九九九ポンドの財産を残したのは五二人(五五・三%)で、彼らがリヴァプールの奴隷商人の中間層を構成している。三万ポンド以上を残した商人は九人(九・六%)で、このなかには、ジョン・ボルトン(一八万ポンド未満)、トマス・アール(七万ポンド未満)、トマス・レイランド(六〇万ポンド未満)、ウィリアム・ポール(八万ポンド未満)といった大商人たちが含まれている。

奴隷商人のライフサイクルに特徴的なことの一つとして、彼らの結婚が比較的遅かったことがあげられる。結婚した年齢がわかっている一三九人のうち、ほぼ半数が二九歳以降に結婚している。結婚が遅かったのは、奴隷商人の四割がもともと船長だったからである。船長の経験を経て、いくばくかの資金を貯め、それを奴隷貿易に投資して稼いだのである。

では、その稼いだ金をどのように使ったのであろうか。

奴隷商人の中間層の一人であるジェームズ・グレグソンは、遺産として三六五四ポンドを残した。彼は、リヴァプールの中心から郊外に移住し、邸宅を構えた。つまり、不動産に投資したのである。そこには図書室やワインセラーが備えられていた。彼はジェントルマン風のライフスタイルを求めていたのであろう。さまざまな家具や調度品を揃えて郊外の邸宅に住むことは、当時の奴隷商人すべての願いであった。すなわち、奴隷貿易という過酷な事業で稼いだ富は、ジェントルマン風の生活をするために使われていたわけである。

もうひとつの重要な使い道は、子弟教育への投資であった。二〇一人の奴隷商人は合計九一四人の子どもをもうけ(男性四三九人、女性四七五人)、二二歳前に死亡した者が二六二人(二八・七%)いた。職業がわかっている息子二〇三人のうち一〇一人が何らかの商人であり、法律家や聖職者、将校などの専門職は四九人、地主は一六人となっている。

興味深いことは、彼らのうちケンブリッジ大学出身者が一九人、オックスフォード大学出身者が二二人にのぼっていることである。彼らはジェントルマン風の子弟教育を受けたといえる。それらオクスブリッジ出身者の職業は、上記の専門職に集中している。ここでも、奴隷貿易の富がジェントルマン風の教育に充てられ、イギリス社会における地位上昇の契機となったことがわかるのである。

ただし、すべての奴隷商人が成功したわけではない。少なくとも一〇人の奴隷商人が倒産している。また、社会的地位の上昇は奴隷貿易だけに依存していたわけではない場合もある。たとえば、D・バックハウスはリヴァプールと西インド間の貿易で富を得、アール家はイタリアとの貿易でも稼いだ。また、ヘイウッド家は金融業に移っていった。

奴隷ファクターとコミッション・エージェント

一八世紀後半におけるリヴァプールの奴隷貿易を金融面で支えたのが、コミッション・エージェントである。

第1章で述べたように、三角貿易としての奴隷貿易はしだいに変化し、この時期には第一辺＋第二辺と第三辺とは切り離され、奴隷船は奴隷を売却したあと砂糖などの植民地物産をほとんど積み込むことなく、バラストを積んで本国に帰還した。植民地物産は、本国とのあいだのいわゆるシャトル貿易を通じてイギリスにもたらされた。すでに触れたように、奴隷船の標準的なサイズが一〇〇〜二〇〇トンであったのに対して、シャトル船は四〇〇〜五〇〇トンの積載量の大きな船で、そのほうが物産を効率よく運ぶことができたからである。ただしホーク号のように、帰りに多少とも砂糖などを積み込み、利鞘を稼ぐこともあった。

こうした取引形態になると、植民地物産に代わる新たな支払い手段が必要になってくる。それが為替手形であり、その振出人が「奴隷ファクター」というブローカーであった。彼らは植民地に在住していて、奴隷船の船長から奴隷を購入すると、その代金として為替手形を振り出したのである。奴隷ファクターは購入した奴隷をプランターに売りさばいた。為替手形は本国に持ち帰られ、コミッション・エージェントという手形引受業者に引き取られた。コミッション・エージェントの多くはロンドンにいたと考えられている。

先に触れた長澤は、この奴隷ファクターとコミッション・エージェントの役割についてダヴェンポートの史料を使って明らかにしている。奴隷ファクターは、リヴァプールの奴隷商人と植民地のプランターとのあいだにたって、奴隷貿易をスムーズに進めるサービスを提供した。為替手形の振出人の主体はプランターたちではなく、彼ら奴隷ファクターだったのである。

彼らはまた、現地における奴隷オークションも取り仕切った。とくに重要だったのは、現地の状況、つまり奴隷の需要や実勢価格などの情報を奴隷商人に伝えることで、これに基づき奴隷商人は奴隷の売却先を決定したのである。この時代、大西洋上では多くの船が行きかい、さまざまな情報が伝えられたことは、すでにニュートンの事例でみたとおりである。

コミッション・エージェントについては、その歴史をさかのぼると、一六七〇年代にバルバドスの砂糖プランターが奴隷を購入し、その支払いに為替手形を使い、その引受業務を行うためにロンドンにコミッション・エージェンシー(代理店)を開設したのが最初だとされている。これに倣って、他の英領西インド諸島でも手形を振り出す動きが広まったのである。

この時点ではプランターが直接手形を振り出しているが、一八世紀になると奴隷ファクターが振り出すケースが増えていくことになる。王立アフリカ会社がイギリスの奴隷貿易を独占していた時代から、ブリストルやリヴァプールを拠点とする独立貿易商人の活動が活発になっていく時代への移行と符合している。

コミッション・エージェントは次の三つの業務を行っていた。まず、砂糖プランターに代わって砂糖を本国に輸出する、砂糖委託業務である。輸送船の手配、船と積み荷の保険、関税支払い、倉庫への保管、砂糖ブローカーへの引き渡しなどのサービスを提供した。コミッション・エージェントが砂糖を直接販売する場合もあった。

第二に、プランターの要求に応えて、西インドでは手に入らないイギリス製品の手配、プランテーションに必要な人材、つまり白人年季奉公人や各種職人のリクルート、ロンドンに留学してくるプランターの子弟の教育・管理など、さまざまなサービスを提供した。第三に、奴隷貿易の支払いに振り出された為替手形の引き受けと支払いである。こうしたすべてのサービスにプランターからコミッション料が支払われた。

奴隷ファクターは、手形の満期日が複数回に分かれるように、三カ月、六カ月、九カ月、一二カ月というふうにユーザンス(支払期限)を複数の期間に設定し、それに応じて手形を振り出した。これによって巨額の支払いを分割することができたのである。奴隷貿易手形は、出資比率で案分した額面で奴隷商人の人数分が振り出された。なお、航海ごとに複数の出資者が集まって共同投資をする奴隷貿易では、毎回「シップス・ハズバンド」と呼ばれる代表者が選ばれた。彼は、奴隷貿易航海の全般的な指揮や事務作業を行った。

長澤によると、ダヴェンポートの奴隷手形の引受額は、ロンドン在住の業者が全体の六割程度と圧倒的なシェアを誇っているが、手形枚数という点ではロンドンより幾分少ないがリヴァプールの業者もかなりのシェアを占めていた。後者の場合、奴隷商人自身が引受業者になっていたのである。ちなみに、彼らが引き受けた額は全体の一三％程度であった。

ロンドンの引受業者の人物像については特徴的なことがわかっている。彼らの多くが金融機関、保険会社、西インド商社に関わっていたのである。また、ユグノーやアイルランド系、スコットランド系といった特定の宗派や民族的出自の引受業者も多く含まれていた。ウィリアム・ベックフォードは西インド商社の経営者であったが、下院議員でもあった。

こうした人々は、奴隷貿易廃止の法案が議会で議論されたとき、真っ向から反対の論陣を張った。第3章では、一八世紀後半から始まった奴隷貿易廃止の動きを、イギリスを中心に詳しくみていきたい。

第3章
奴隷貿易廃止への道

ウェッジウッド作成のメダリオン「私は，君たちと同じ人間ではないのか，君たちの兄弟ではないのか？」(1787年頃．メトロポリタン美術館)

一　サマーセット事件から始まる

在英黒人

アフリカ沿岸への奴隷船の出帆が最高潮を迎えていた一八世紀後半のイギリスで、奴隷貿易と奴隷制に抗する動きが静かに進行していた。そのきっかけとなったのが、一七七二年に下されたサマーセット事件判決である。

一七六九年一一月、スチュワートなる人物が、北米ヴァージニア植民地で奴隷として購入したサマーセットをイギリスに連れてきた。七一年一〇月初めにサマーセットはロンドンで逃亡したが、一一月末に捕まってしまった。スチュワートは彼をジャマイカで奴隷として売却しようとして、ジャマイカ行きの船の船長に依頼した。ところが、サマーセットの支援者が、彼が船のなかで鎖につながれていることを裁判所に訴え、人身保護令状が発給される。そして彼の処遇をめぐって、史上名高い裁判が始まるのである。

ところで、サマーセットのような在英黒人は、イギリス社会でどのように見られていたのであろうか。一八世紀に生きた画家ウィリアム・ホガースの作品を分析したデイヴィッド・ダビディーンの著作には、在英黒人が取りあげられている。たとえば一七二三年四月五日、『デイリー・ジャーナル』紙は、「ひじょうに多くの黒人が、毎日この都市〔ロンドン〕に入ってきているといわれている。したがって、もし彼らの流入が禁止されなければ、この都市はまもなく彼らで充満するようになると思われる」と報じた。

ホガースの版画のなかにはさまざまな黒人が登場し、それぞれの版画の図像学的な意味を示唆する重要な役割を果たしている。たとえば「ウォラストン一家」(図3-1)では、上流家庭の一家団らんの明るい様子とは対照的に、黒人の下僕は後景にひっそりと退いている(図版では確認しにくいのだが、左側の背景にうっすらと黒人の姿がある)。この家族の富と植民地における商業的利益は、着席者のなかにイングランド銀行頭取の娘や王立証券取引所頭取、のちに南海会社の理事になる人物が含まれていることによって示されている。いっぽう黒人は、こうした光に包まれた人たちをより際立たせる影の役割を果たしているのである。

もうひとつ、「兎」(図3-2)では、兎売りの黒人の

図3-1　ホガース作「ウォラストン一家」(1730年)　Bridgeman Images/amanaimages

図 3-2 「兎」(1792 年の版画．ダビディーン『大英帝国の階級・人種・性』24 頁より)

存在感が際立っている。貴婦人が黒人に向かって「まあ、おや、なんて臭い。やっぱりこれは新鮮じゃないわね」と文句を言ったのに対して、兎売りは、「奥さん、そりゃあ、ちっとも公平じゃありませんぜ。もし黒人があんたの足をつかんで吊るしたとすりゃあ、あんたも臭いますぜ」と返したのである。こうしたウィットに富むやりとりは、この黒人がやり手の兎売りであることを示す。一七〜一八世紀の在英黒人の職業は下僕、馬車の御者、給仕、兵士、水夫、演奏家、女優、売春婦、乞食、路上売りなど多様であった。

平田雅博は、『ロンドン・ガゼッタ』という新聞の広告欄に注目し、一七世紀後半から一八世紀初めの逃亡黒人の事例を紹介している。たとえば、一六八六年九月の記事では、主人のもとから逃亡した可能性のある一五歳前後の黒人少年がタンブリッジで見つかり、サー・トマス・ジャンソンの家にいるので、所有者は要求すれば彼を引き取ることができる、と書かれている。もうひとつの例は、一七〇一年一〇月および一一月の記事で、スティーヴンという名の二〇歳前後の上手に英語を操る黒人男性がリーワード諸島からロンドンに八月に到着し、一〇月に逃亡したが、しばらくして主人のもとに帰還した。しかし、彼は再度一一月に逃亡した、というものである。

こうした事例に登場するのは、アフリカ系黒人の可能性が高いが、インド出身の黒人の事例もある。一六九〇年四月の記事では、一二歳前後のインド出身の黒人少年がロンドン近郊のチェルシーでロブ・ゴールズブロー（主人の名前）と刻まれた首輪をつけていた、とされている。

ここで紹介したのは一八世紀初めまでの事例であるが、在英黒人の存在は、一七世紀後半からのイギリス帝国拡大と軌を一にして大きくなっていったと思われる。その中心はやはりアフリカ系の黒人であった。ちなみに、在英黒人の主人の職業や身分については、船長や将校、貴族、外科医や判事といった専門職などが多いことがわかっている。

一八世紀の在英黒人の規模について、N・マイヤーズは研究史をふりかえりながら、一万五〇〇〇人以下と見積もったS・ブレイドウッドの説を支持し、またそのうちロンドンの黒人人口を五〇〇〇人以上とする結論に達した。

マンスフィールド判決

話をサマーセット事件に戻そう。裁判は、一七七一年から翌年にかけて王座裁判所で行われたが、イングランドで奴隷の存在を認めるかどうかが争点になる、注目すべき裁判となった。この裁判の経緯を正確に追究している森建資に拠りつつ、見ていこう。

サマーセット側の代理人であったハーグレーブは、イングランドの伝統的な法体系では、農奴が隷属的身分として認められた唯一の存在であったが、農奴制はすでに消滅しており、それゆえに奴隷制も存在しえない、と議論を展開した。これは農奴制の衰退によってイギリス人の自由が回復されてきたとする、当時の歴史観に依拠したものである。

さらにハーグレーブは、「雇用契約法」を根拠に、雇主(マスター)は雇用労働者(サーヴァント)に体罰を加えたり、彼を他人に譲渡したりすることはできないと主張した。彼は「奴隷」の定義として次の四つをあげる。①奴隷は半永久的に労務を提供しなければならず、それに付随して奴隷主は体罰を加えることができる。②奴隷は自分のために利益を得ることはできない。③奴隷主は奴隷の身体を譲渡できる。④奴隷の身分は親から子に継承される。そのうえで彼は、雇用労働者はこの定義による奴隷とは対極に位置していることを示した。ここで注意したいのは、彼が伝統的には下僕や奴隷などを広く含む概念であった「サーヴァント」を、自由労働に基づく雇用労働者だけに限定していることである。

こうしてハーグレーブは、イングランドでは奴隷は存在しえず、黒人奴隷はイングランドに入国するや否や自由になる、と断言したのである。ちなみに、この事件に最初からかかわり、ハーグレーブの議論を後押ししていたのが、在英黒人問題に強い関心をもち、のちに奴隷貿易・奴隷制廃止運動――アボリショニズム――の主導者の一人となる、グランヴィル・シャープ(図3-3)であった。

これに対してスチュワート側の代理人ダニングは、サマーセットはイングランドにいるあいだは奴隷ではない、と最初から譲歩していた。しかし、スチュワートとサマーセットのあいだにはマスターとサーヴァントの関係が続いており、後者は前者の命令に従わなければならないと主張した。ハーグレーブとは逆に、伝統的見解を踏襲して「サーヴァント」の概念を広くとり、マスターがサーヴァントから受ける労務の権利は保障されるべきであり、そのための私的な制裁権も認められる、それゆえ、スチュワートはサマーセットに対して権限を行使しうる、と主張したのである。

図3-3 グランヴィル・シャープ(*Memoirs of Granville Sharp*, 1820より)

両者の主張が交わされたあとで、首席裁判官マンスフィールド卿は、サマーセットを捕まえて海外で売却するような行為はイングランドの法では認められず、サマーセットは釈放されるべきであるとする判決を下した。

じつはこの判決は、サマーセットの釈放を申しわたしただけで、イングランドにおける奴隷の存在を否定するものではなかった。しかし、判決後サマーセットが釈放されたことにより、裁判所がイングランドにおける奴隷制を明確に否定したと一般に受けとめられた。たとえば判決翌日の新聞では、イングランドに連れてこられた奴隷は自由になるとする判決が下された、と報じられている。

マンスフィールド卿はのちの一七八七年、判決の主旨を本来の意味に戻そうとしたが、誤解を解くことはできなかった。こうした誤解は一種の神話として発展した。当時のイギリス社会で、奴隷の存在に否定的な風潮が醸成されてきていたからである。

奴隷船ゾング号事件

奴隷貿易廃止運動に火をつけた、もうひとつの事件を紹介しよう。それは一七八一年に起こったゾング号事件である。

船長ルーク・コリングウッドが率いる奴隷船ゾング(Zong)号(一〇七トン)は、乗組員二〇人とともにリヴァプールを一七八一年三月五日に出港し、黄金海岸に向かった。アフリカに到着した日付は不明であるが、同年九月六日には四四〇人というすし詰め状態の奴隷を乗せてジャマイカへと向かっていた。伝染病が蔓延しはじめ、奴隷六〇人と乗組員二人が犠牲となった。さらなる感染を恐れた船長は、「自然死の奴隷は、船主の損失となる。しかし、生きたまま海に投げ込めば、保険会社の損失となる」と告げた。奴隷船には保険が掛けられていたのである。

乗組員のなかにはこれに反対する者もいたが、コリングウッドの命令どおり、その日の夕方水夫は五四人の奴隷の手を縛り、海に投げ捨てた。二日後にはさらに四二人、その後まもなく二六人が投げ捨てられたのである。この恐ろしい光景を見ていた奴隷のうち一〇人が、自ら海に飛び込んで自殺した。奴隷たちは嬉々として飛び込んだという。死亡した奴隷は全体で一九二人にのぼった。

TSTD2によれば、ジャマイカに荷揚げされた奴隷数が二〇八人となっている。この数値を信用するならば、中間航路で死亡した奴隷数は二三二人となり、さらに四〇人多くなる。死亡率は五三%、大西洋奴隷貿易史上でもまれにみる高い数値である。奴隷船の恐怖が極限にまで高まった事件であった。船長は自分の行為を、飲み水不足のためと正当化しようとしたが、これは偽りであった。

図3-4 ターナー作「奴隷船」(1840年. ボストン美術館)

この事件が裁判となったのは、リヴァプールに帰還後の一七八二年、保険会社が保険金の支払いを拒否し、船主が王座裁判所に訴えたからであった。裁判官はやはりマンスフィールド卿であった。折しも、第2章で紹介したオラウダ・イクイアーノやシャープらがアボリショニズムの運動を立ち上げようとしていた時期であり、彼らは奴隷を生きたまま海に投げ捨てたのは明らかに殺人であると非難した。アフリカ人に対して殺人を犯して、何の罪にも問われないなど、そんな権利は奴隷船の船長にはないと、主張した。

最終的に原告は敗訴し、保険金の支払いは認められなかった。さらに重要なのは、民事裁判という枠を超えて、この事件が奴隷貿易の残酷さを世に知らしめる契機となった点である。のちに画家ターナーは、この事件を題材に「奴隷船」(図3-4)を描いている。折しも、反奴隷制協会(第4章参照)が主導する初めての反奴隷制国際会議がロンドンで開かれようとしている、一八四〇年のことであった。

二　アボリショニズムの展開——クウェイカー教徒とイギリス国教会福音主義派

ロンドン・アボリション・コミティー

サマーセット事件やゾング号事件などによって在英黒人問題や奴隷貿易の悲惨さが知られるようになり、また、アメリカ合衆国の独立によってイギリス帝国の危機が囁《ささや》かれるようになった一七八〇年代に、アボリショニズムの動きが活発になっていった。その動きの一つの着地点が、一七八七年五月二二日にロンドンで結成された委員会「ロンドン・アボリション・コミテイー」である(以下、ロンドン委員会と表記)。

ロンドン委員会の構成メンバーは当初一二人であった。このうち九人が非国教会系のクウェイカー教徒で、残る三人が国教会福音主義派(のちにクラパム派と呼ばれる)であった。クウェイカー教徒のなかにはジョゼフ・ウッズ、ジェームズ・フィリップス、サミュエル・ホア・ジュニアなどがいた。また、国教会福音主義派にはすでに触れたシャープやトマス・クラークソン(図3-5)らがいた。

ロンドン委員会ではまず、シャープを議長に、ホア・ジュニアを会計に選出し、組織の当面の目標を奴隷貿易廃止に設定することとした。ただし、シャープはこの戦略に初め反対した。彼はすでに一七六〇年代からサマーセット事件をはじめとする在英黒人問題に深く関わっていて、奴隷解放、すなわち奴隷制そのものの廃止を自らの固い信条としていたからである。しかし委員会では、私有財産権に抵触する奴隷制廃止を即座に実現することの困難さが指摘され、当面の運動の目標を奴隷貿易廃止に設定したのである。

図3-5　トマス・クラークソン(C. F. フォン・ブレダ作，1788年．ナショナル・ポートレイト・ギャラリー)

このように、ひとくちにアボリショニズムといっても、奴隷貿易廃止と奴隷制廃止のどちらを優先させるか、またどのようにそれを実現させるかをめぐって、時期により、またそれぞれのアボリショニストによって、違いがみられたのである。ともあれ委員会では具体的な活動として、奴隷貿易の実態に関する情報の収集、クラークソンをはじめとする奴隷貿易反対派の人々によるパンフレット発行、活動のための寄付金募集などを決定した。

ところで、この委員会の結成にはロンドンのクウェイカー教徒が決定的な役割を果たしたのであるが、なぜ彼らは、自らの宗教的信条と奴隷貿易・奴隷制廃止の課題を結びつけたのであろうか。

ジョージ・フォックスとジョン・ウルマン

クウェイカーは一七世紀半ばにイギリスで誕生したプロテスタントの一派で、フレンズ会(フレンド派)ともいわれる。人は内心に神から直接の啓示を受け得ると説く、非国教会系の宗派であった。現在でも世界に約六〇万人の信者が存在し、アメリカ合衆国に一二万人、イギリスに四万人がいるとされている。日本人では、『武士道』などを著した新渡戸《にとべ》稲造《いなぞう》が有名である。

さて、この教団の創始者ジョージ・フォックス(一六二四―九一)は、黒人奴隷について次のように説いている。すなわち、主人は、もし自分の金で買った黒人が忠実に仕えてくれたのなら、相当の年月を経て彼らを自由にすべきだし、その際手ぶらで解放してはならない（いくばくかのお金を持たせるべきだ）、と。ここで彼は、奴隷所有そのものを否定しているわけではないが、一生彼らを奴隷身分にとどめておくことに批判を加えた。

また、イギリス生まれのクウェイカー教徒で、のちに北米植民地ペンシルヴェニアに渡ったラルフ・サンディフォード（一六九三―一七三三）は、人間からその自由を奪うことが最大の不正であると説いた。人を生まれた場所や家族から引き離し、慣れない気候条件のもとで知らない言葉が話されている場所に連行する奴隷貿易をやめるよう、主張した。

さらに世代的にあとになるジョン・ウルマン（一七二〇―七二）は、奴隷所有がキリスト教の信仰とは相容れないと固く信じていた。彼は、クウェイカー教徒が奴隷取引に従事していることを非難した。また、白人が先住民（インディアン）や黒人を抑圧し、金持ちが貧乏人を自らの利益のために搾取することから、クウェイカー教徒は自由でなくてはならないと説いた。さらに彼は、奴隷労働によって生産された染料を使った衣服や砂糖、ラム酒、銀製品を使用するのを断固として拒否した。

しかし一八世紀半ばまでは、奴隷所有や奴隷取引に反対する人はクウェイカー教徒のなかでも少数派であった。事実、北米植民地では奴隷を所有し、奴隷取引に従事していたクウェイカー教徒は多数存在した。

クウェイカー教徒の決議と精神

クウェイカー教徒のなかでこうした風潮が変わったのは、一八世紀半ば以降である。大西洋を挟む北米植民地（のちのアメリカ合衆国）とイギリスのあいだで、奴隷問題が自らの宗教観、倫理観、あるいはアイデンティティの境界を決する重大な問題として浮上した。一七五八年にロンドンで開催されたクウェイカー教徒の年次会（総会）は、会員に対して、奴隷貿易に手を染めないように勧告した。この決定は、イギリスおよび北米植民地の各地のフレンズ会（クウェイカー教徒の組織）に送付され、フィラデルフィア、ニューヨーク、メリーランド、エジンバラのフレンズ会がこれに呼応し、共同歩調をとった。

さらに一七六〇年のフィラデルフィア年次会では、奴隷制に反対する感情がこの町の会員だけでなく、他の北米植民地でも広がっているとの報告がなされた。事実、翌一七六一年、フィラデルフィアでは奴隷輸入に対して高関税が課された。さらに同年五月のロンドン年次会は、奴隷貿易に従事するイギリスの会員はフレンズ会から除名される、との強い決定を下した。この決定は、フレンズ会の精巧な組織網を通じて、イギリス各地のみならず北米植民地の会合でも取りあげられ、会員個人の日常生活に大きな影響を与えてゆく。

では、こうした一連の宣告や決議がなされた背景には、どのような事情が潜んでいるのだろうか。この宗派の教義の特徴を踏まえて、考えたい。

クウェイカー教徒にとって神＝聖霊とは、ヘブライ的伝統の復讐心に満ちた怒りの神ではなく、平和と愛の神、すべての善きものの泉、慈悲の父であるとされる。この慈悲深い神は、かの息子イエス・キリストを介して全人類に救済を施した。全人類は十字架の上のイエスの肉体の死によって救われただけでなく、人間の心のなかにあるイエスの精神の永久的な存在によって救われた。ここでこの宗派の中心的な教義である「内なる光(Inner Light)」とは、すべての人間の心のなかにあるイエス・キリストの精神であることがわかる。

では、イエス・キリストの精神とは何か。ここからは解釈は分かれるが、クウェイカー教徒は「人道主義」という道徳律を選択した。そして人道主義の核心は、「他人が我々にしてくれることを期待するのと同じことを、他人にしてあげなさい」という、他者の立場に対する共感意識と他者の立場からする自己反省の姿勢である。

これを前述のマスターとサーヴァントとの関係におくと、マスターは自分の持ち物の半分をサーヴァントに与える必要はないが、立場が逆であった場合に彼自身がそうしてもらいたいと思うことをサーヴァントにしてあげなさい、ということになる。また、奴隷貿易はアフリカ人家族から父、母、子どもを奪う悲惨極まりない取引であり、その家族の立場にたてば、けっして許すべからざる所業であると弾劾された。こうして、奴隷取引や奴隷所有が人道主義を侵犯しているとする意識が会員たちに広がり、一連の宣告や決議が下されたのである。ただし、この人道主義は、クウェイカー教徒だけの特別な信条ではなかったことを断っておきたい。

クウェイカー教徒のこうした決定はしかし、同時代のフレンズ会の危機意識の反映でもあった。一七世紀半ばにこの教団が成立した直後は、国教会に反旗を翻したがゆえに厳しい迫害に遭ったが、それが逆に会員のあいだに強い結束を呼びおこし、誇り高き宗派に成長した。しかし、一八世紀になるといわゆる「惰性的時代」に入っていく。もともと質素や節約を信条としてきた会員のなかに、事業に成功し、富を蓄積する人々がでてきた。本来こうした富は慈善事業や善き目的のために使われるべきであったが、自身の贅沢な生活やさらなる富を生みだすための投資にまわされ、クウェイカー教徒の教義から逸脱する行為が目立ってきた。

こうした逸脱行為のなかでも目に余るのが、奴隷取引と奴隷所有だったのである。これを弾劾することによって、この教団は「悪魔の世界」から切断され、「善き仕事」に専念する特別の宗派であるとする自身のアイデンティティを再構築しようとしたといえる。

アメリカ独立戦争終結直前の一七八三年六月、イギリスのクウェイカー教徒は、二三人からなる委員会を立ちあげ、奴隷貿易の実態を調査するよう委託した。また、二七三人のクウェイカー教徒は、下院に対して奴隷貿易廃止を訴える請願に署名した。これによって下院議員の何人かは奴隷貿易廃止を支持した。さらに彼らは、奴隷貿易問題についての大衆的な啓蒙活動の必要性を強く意識し、各地の新聞にこの問題に関する短評を掲載したり、小冊子を発行したりした。しかし、クウェイカー教徒の活動だけでは限界があった。

テストンサークルとジェームズ・ラムジー

いっぽう、イギリス国教会福音主義派のアボリショニストたちは、従来クラパム派とされてきた。しかし、C・L・ブラウンによれば、ロンドン委員会が結成された一七八七年にはまだクラパム派は存在しなかった。ロンドンのクラパム地区から四〇キロほど南東にバーラム・コートという所領があるが、実際には、ここに集まったイギリス国教会福音主義派のグループが中核になってアボリショニズムが形成されたのが歴史的起源だという。

このバーラム・コートはエリザベス・ブーブリという慈善家の所有であり、彼女は幼なじみのマーガレット・ミドルトンとその夫チャールズと一緒に住んでいた。所領はテストン教区にあったので、ここに集った人々を「テストンサークル」と呼んでもいいだろう。

この所領には病気の貧困者や浮浪者などのための特別な施設が備わっていた。マーガレット・ミドルトンは、イギリス社会の道徳改革やとくに動物愛護運動に関心があり、海軍監査官であった夫のチャールズは強制徴募された水兵のモラル向上のためのプランを立てていた。有名な詩人・劇作家のハナ・モアやチェスター主教(のちにロンドン主教に昇進)のベイルビー・ポーティウスもしばしばここを訪れていた。

そして、一七八一年にテストン教区の牧師としてやってきたのが、ジェームズ・ラムジーである。彼には二〇年近くにわたるセント・キッツ島などでの滞在経験があり、テストンサークルの人々は彼から奴隷制プランテーションの生々しい話を聞き、大きな関心をもったのである。ラムジーの本来の意図は、英領西インドにおける国教会の地位を高め、強化し、奴隷の状態を改善することであった。

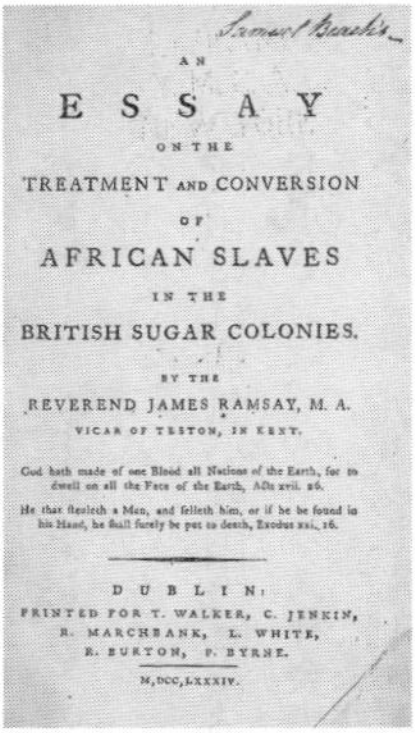

図3-6　ジェームズ・ラムジーの著書のタイトルページ(1784年. ボストン公共図書館)

ラムジーはテストンサークルの人々の勧めもあって、一七八四年に『英領砂糖植民地におけるアフリカ人奴隷の処遇と改宗についてのエッセイ』という著作を出版した(図3-6)。三〇〇ページを超える大作であり、奴隷制の歴史を古典古代からアメリカ独立戦争の時代まで通観している。そのうえで、英領西インドの奴隷を「文明化」することの必要性を説き、その基礎として奴隷をキリスト教化すること、またそれがイギリスの利益になると主張した。アフリカ人の知的能力にも注目している。

この著作の特徴は、彼が実際に現地に在住していたことから、語りが具体的で生々しかったことである。ラムジーは、奴隷主は専制君主として君臨し、贅沢な暮らしをする一方で、鞭の支配のもとで奴隷たちを虐げ、人間としての品位をおとしめていることを暴露した。肉体的処罰を禁止し、奴隷の生活を改善しなければならない、と説いた。

本書はすぐさま反論も含めてさまざまな評論で取りあげられ、大衆的にもこれまでに例のないような注目を集めた。奴隷制に関する長期の論争に火をつけ、砂糖植民地に対する本国の責任を問題にし、奴隷制の恐怖をなくすための方策についての議論を呼びおこすきっかけとなったのである。

テストンサークルのなかでラムジーの考えを誰よりも実行に移そうと考えた人物は、チェスター主教のポーティウスであった。彼は、奴隷が植民地では働くためのたんなる機械や道具であるとみなされていることを批判し、奴隷をキリスト教徒に改心させることが必要だと説いた。しかし、奴隷主は総じて、キリスト教の教えはプランテーション社会の秩序を破壊する恐れがあると信じていた。これに対して彼は、キリスト教の教えが黒人に義務を守らせ、忠実で勤勉に仕えさせるためのもっとも有効な手段である、とも説いた。実際に彼は、福音伝道協会(一八世紀初め結成)に英領西インドでの伝道活動を強化するよう要請した。一七八四年に彼は、バルバドスのコドリントン農園で奴隷に布教する計画を同協会に持ちこんでいる。

ハナ・モア、ウィリアム・ウィルバーフォース、トマス・クラークソン

ラムジーの著作はこうして、一七八〇年代前半におけるアボリショニズムのなかでもっとも大きな反響を呼びおこした。彼に対する個人攻撃があった反面、下院議員のウィリアム・ジョリフはその著作を好意的に受けとめ、奴隷貿易の規模や実態を探るために下院に特別委員会を設けることを提唱した。ラムジーのおかげでテストンサークルの評判は高まり、のちにアボリショニストとして有名になる人物が次々とテストンにやってきた。

ハナ・モアは、すでに触れたように詩人・劇作家として名をなしていたが、やはりこの頃テストンサークルを訪れ、宗教的覚醒の問題に傾斜するようになった。彼女は、国教会の既成制約を取り除き、宗教的感覚を解放することを呼びかけた。一方、モアと同じような想いを抱いていたウィリアム・ウィルバーフォース(図3-7)は、一七八三年にテストンでラムジーに会っている。

ウィルバーフォースは、若くしてイングランド最大の選挙区ヨークシャーで下院議員に選出されていたが、政治家としてよりも宗教家として身を立てたいとの思いが強かったといわれている。どちらの道を選ぶか思い悩んでいたウィルバーフォースに、下院議員として奴隷貿易廃止のために尽力すべきであると説得したのは、すでに述べたジョン・ニュートンであった。ウ

イルバーフォースの伝記を書いたレジナルド・クープランドは、「ウィルバーフォースは、もし奴隷貿易の影がその道に立ちはだからなければ、政治の世界に長くとどまらなかったであろう」と述べている。

ミドルトン、モア、ウィルバーフォースは、テストンで何時間もかけて、それぞれが心に描いている改革の大きな目標を議論した。そこには反奴隷制、奴隷貿易廃止が含まれていた。しかし、その基底にはイギリス国教会の宗教的覚醒をいかに進めるかという問題意識が横たわっていた。彼らにとってアボリショニズムは、宗教的覚醒の手段であり、その逆ではない。奴隷貿易と奴隷制に反対するという福音主義派の主張は、宗教的慈善の実践だっただけでなく、旧態依然たる国教会の改革をめざすより広いキャンペーンのための戦略でもあったのである。

図 3-7　ウィリアム・ウィルバーフォース（A. ヒッケル作，1794 年．ウィルバーフォース・ハウス，ハル）

一七八六年にこのテストンを訪れたのが、トマス・クラークソンである。彼はすでに一七八三年にケンブリッジ大学を卒業していたが、大学にとどまり聖職者になるための準備をしていた。翌年、大学のラテン語論文大会で賞を獲得している。さらに翌年の一七八五年にも懸賞論文を提出した。論文のテーマは、「他者をその意思に反して奴隷にすることは正当か？」であった。彼はこれを書く際に奴隷貿易に関する文献を読んでいるが、そのなかにアンソニー・ベネゼットの『ギニアの歴史的評価』（一七七一年）も含まれていた。ベネゼットは、フィラデルフィア出身の有名なアボリショニストで、クウェイカー教徒であった。クラークソンはその後クウェイカー教徒のアボリショニストと接触し、一七八六年に奴隷制と奴隷貿易に関する最初の著作をクウェイカー教徒の印刷業者ジェームズ・フィリップスの手によって公刊した。彼がテストンを訪れたのは、その直後であった。そしてテストン滞在中に彼は、「自分の人生を反奴隷制と奴隷貿易廃止に捧げる」と宣言したのである。

こうして、クウェイカー教徒とテストンサークルの人的なつながりによって、アボリショニズムはしだいに大きなうねりとなってゆく。

三　奴隷貿易廃止キャンペーンと砂糖不買運動

第一次キャンペーン

ロンドン委員会の活動を具体的に見ていこう。上述のように、同委員会は一七八七年の結成時には一二人であったが、一七九二年一二月までに三六人が加わり、メンバーの数は途中で抜ける人もいたので、もっとも多いときで四三人であった。このなかには、クウェイカー教徒の製陶業者で、運動を大衆化するうえで決定的な役割を演じたジョサイア・ウェッジウッドや、動物愛護運動で名を馳せたベンジャミン・M・フォースターがいた。すでに述べたウィルバーフォースは、チャールズ・J・フォックスやウィリアム・バーグら他の議員とともに一七九一年に加わっている。

委員会の中心的な任務は、奴隷貿易の情報・証拠の収集、およびそれに基づく大衆的な宣伝活動であったが、そのためには活動を支援してくれる人々を各地に組織することが重要であった。一七八七年七月の時点でリストアップされた人数は一一六人で、このうち九割がクウェイカー教徒であったという。同年末までにマンチェスター、ブリストル、シェフィールド、リーズをはじめ三〇以上の町で通信員のネットワークが形成された。

結成から一五カ月のあいだに委員会は、小冊子・報告書・手紙など合計約八万五〇〇〇部を各地に送っている。印刷と出版は上述のフィリップスに任された。また、委員会の活動資金は寄付によって賄われた。一七八八年八月までに二七六〇ポンドが集まり、寄付者リストには二〇〇〇人以上の名前があがっている。

奴隷貿易に関する情報・証拠の収集のためにクラークソンは、ブリストルやリヴァプールなどの奴隷貿易港はもちろん、国内の各地を駆けめぐった。奴隷貿易の実態をわかりやすく大衆に知らせるため、奴隷船の図像を作成することに着手した。これがすでに述べたリヴァプールの奴隷船ブルックス号である。この図像(改良版)は一七八九年春に出版され、各地の通信員だけでなく、両院の議員にも送付された。

この運動で、先に触れたウェッジウッドは特別で重要な役割を果たした。代々製陶業を営む家に生まれた彼は一七五九年に独立、王室の保護も受け、クリーム・ウェアと呼ばれる上質の食器を開発するなどの成功をおさめていた。今日まで続くウェッジウッド社の創始者である。

一七八七年の秋、ウェッジウッドはロンドン委員会の活動のためにメダリオンを製作しはじめた。図案は、ウッズやホア・ジュニア、フィリップスらのクウェイカーたちによってデザインされたもので、本章扉に示したように、鎖につながれたアフリカ人がひざまずいて、"Am I Not A Man and A Brother?"(私は、君たちと同じ人間ではないのか、君たちの兄弟ではないのか?)と嘆願している様子が描かれている。ウェッジウッドはこれを委員会に無償で提供し、委員会が頒布したところ、かなりの評判を呼んだという。やがて、このデザインは各国で用いられ、アボリショニズムの公的なアイコンとなっていった。

さて、全国的な議会請願キャンペーンは一七八八年一月にロンドン委員会から発せられた。前年のクリスマスの直後、下院議員ウィルバーフォースは、次の会期の初めに奴隷貿易廃止法案提出の許可を得る旨を委員会に伝えた。これを受けて委員会は、各地域の通信員に行動を起こすよう呼びかけた。マンチェスター、ヨーク、ハル、ロンドン、バーミンガムなどの各地から請願署名簿が届き、三月九日までには一〇〇件以上の署名簿が下院に提出された。なかでもマンチェスターの署名者は一万人以上を数え、これは選挙資格のある男性人口の三分の二にあたっていた。

キャンペーンがこれほどまでに大衆的な広がりをみせたことに、ロンドン委員会自身が驚いた。ただし、このキャンペーンにはいくつかの問題点があった。第一に、請願内容が地域や団体によって異なっていた。たとえば、奴隷貿易廃止だけでなく、奴隷制廃止や奴隷貿易の規制を要求する署名簿もまじっていた。第二に、地域によって運動の盛り上がり方にばらつきがあった。イングランド北部工業地域（ランカシャー、ヨークシャー）が全署名数の三分の一を占めたのに対して、コーンウォールやスコットランドでのキャンペーンは弱かったし、ロンドン近郊のホーム・カウンティーズも盛り上がりに欠けたのである。

ウィルバーフォースはこうした請願運動を背景に、すぐにも奴隷貿易廃止法案を議会に提出するつもりであったが、議会はこの貿易に関する証拠を集めることが先決である、との決定を下した。ロンドン委員会にとっては「危険な待ちゲーム」の状況に入っていった。しかし、委員会による奴隷貿易に関する証拠収集は、一七九〇年四月半ばに一応終了した。その後、首相ピット（小ピット）による議会解散があり、全国で選挙が行われた。

ウィルバーフォースは同法案を動議にかけ、一七九一年四月一八日午後五時、その演説が下院で始まった。四時間以上におよぶ彼の演説は、数多くの証拠に基づいた公明正大なものであった。これに対して最初に反対意見を述べたのは、リヴァプールの奴隷商人コロネル・タールトンであった。彼は、この貿易は議会によって承認されてきたものであり、廃止すれば必ずや信用を失い貿易の価値を破壊することになる、と主張した。またウィリアム・ヤングは、この貿易はやがて廃止しなければならないとしても、いま廃止すれば諸外国がイギリスのシェアを奪うだけである、と述べた。

フィリップ・フランシスは西インドに利害をもっていたが、ウィルバーフォースを支持し、奴隷貿易が犯罪であることをこれまで誰ひとりとして否定してこなかった、と述べた。議事の終わり頃になって、ピットが発言を求め、奴隷貿易の不正と不得策を改めて強調した。また、チャールズ・J・フォックスは、もし下院がこれを否決すれば、略奪、強盗、殺人を議会が承認したことになる、と廃止反対派を強く牽制した。

こうして議会での論戦は四月二〇日の早朝三時三〇分まで続き、最後にウィルバーフォースが議論に対する簡単な答弁をして幕を閉じた。投票するために出席していた議員は全体の半分以下であった。ウィルバーフォースの動議は八八対一六三で否決された。

国際的連帯

これと相前後してロンドン委員会は、ヨーロッパ各国やアメリカ合衆国において奴隷貿易や奴隷制に反対する組織や個人と連携しようと模索していた。これは、イギリスが奴隷貿易を率先して廃止した場合、競争相手がその空隙を埋めてしまい、彼らを利するだけだとする前述のような国内での議論を牽制するためであった。すなわち、奴隷貿易廃止に関係各国が支持を表明することが、イギリスでこの運動が成功をおさめる鍵になると考えたわけである。

アメリカのアボリショニストとの連携は、クウェイカー教徒を中心に植民地時代から行われていたが、独立後、ロンドン委員会はフィラデルフィアやニューヨークなどの奴隷制廃止協会に働きかけ、連邦レベルでの奴隷貿易廃止に力を発揮するよう呼びかけた。その結果、一七八八年までにペンシルヴェニアをはじめ六つの州で奴隷貿易即時廃止の法律が成立した。これを受けて連邦政府は、一八〇八年までに奴隷貿易を廃止することを決定した。

一方ヨーロッパ大陸では、とりわけフランスの「黒人友の会」との連携に心を砕いた。フランス革命が勃発する以前からロンドン委員会は、フランスの反奴隷制支持者と接触していた。黒人友の会は、文筆家で革命後はジロンド派の指導者となるブリッソ・ド・ワルヴィルが一七八七年にイギリスを訪れ、ロンドン委員会のメンバーと会い、帰国後の一七八八年二月に委員会のパリ支部として設立したものである。その目的は、奴隷貿易と奴隷制の残酷・不法・非人間性を告発し、その廃止を求めることであった。黒人奴隷制植民地の二大保有国たるイギリスとフランスで、正義と人道主義によって世論を喚起することの必要性を明確にした。

この会の初代会長には百科全書派のコンドルセが就任し、『第三身分とは何か』を書いたシエイエス、ブリッソ、「人権宣言」に関わったラファイエット、グレゴワール神父など一〇〇人前後の会員がいた。フランス革命勃発直後、クラークソンはパリを訪れ、コンドルセやラファイエットらに会っている。しかし、黒人友の会のメンバーの多く、たとえばコンドルセやミラボーは革命の過程で捕らえられ、その活動は途中で頓挫した。

ロンドン委員会はまた、これまで出版してきたいくつかの小冊子をフランス語、スペイン語、ポルトガル語、オランダ語、デンマーク語に翻訳し、各国に持ちこもうとした。委員会は、こうした連携活動を通じて奴隷貿易反対の国際的機運が芽生えつつあることを確認しながらも、結局イギリスがその手本を示さなければならないことも痛感した。

砂糖不買運動

キャンペーンは一定の盛り上がりをみせたものの、上述のようにウィルバーフォースの動議が下院で否決され、ロンドン委員会内には落胆の空気が広がった。これを払拭するために一七九一年四月二六日の委員会では組織強化のため、奴隷貿易反対派の議員としてウィルバーフォースをはじめ、フォックス、ウィリアム・スミス、ウィリアム・バーグらを新たにメンバーに迎えた。ウィルバーフォースはこの時点で委員会に正式に加入したのである。同年七月に入って、クラークソンは各地のアボリショニストと連絡をつけるための旅に出た。

時を同じくして、思わぬところから奴隷貿易廃止運動が盛り上がることになる。西インド産砂糖の不買運動である。クラークソンはのちに、この不買運動に参加した人数をイギリス全体で三〇万人に達した、と見積もっている。

そのきっかけとなったのは、ウィリアム・フォックスの小冊子『西インド産の砂糖・ラム酒を断つというたしなみに関するイギリス人への呼びかけ』であった(図3-8)。一部半ペニー、一二ページのこの小冊子は、発行後四カ月間に五万部が売れ、バーミンガムでは一七九一年末には一〇刷までいったという。なぜこの小冊子が、これほどまでに人々の心をひきつけたのであろうか。

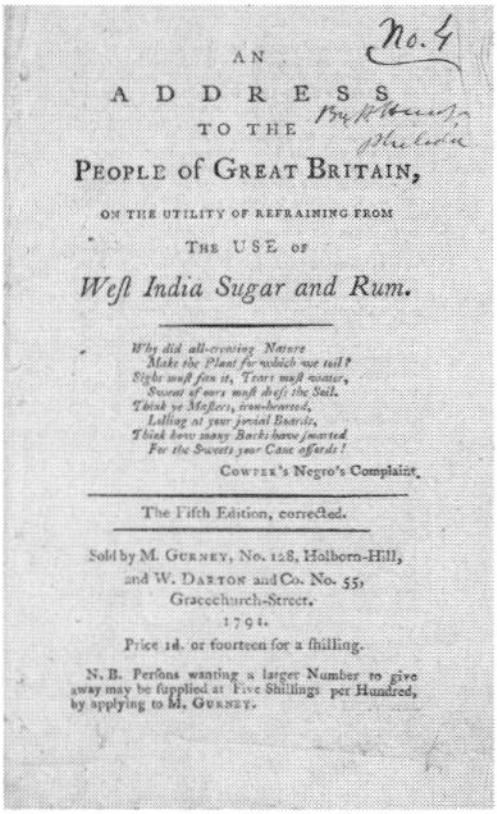
No. 4

AN
ADDRESS
TO THE
PEOPLE of GREAT BRITAIN,
ON THE UTILITY OF REFRAINING FROM
THE USE OF
West India Sugar and Rum.

Why did all-creating Nature
Make the Plant for which we toil?
Sighs must fan it, Tears must water,
Sweat of ours must dress the Soil.
Think ye Masters, iron-hearted,
Lolling at your jovial Boards,
Think how many Backs have smarted
For the Sweets your Cane affords!
COWPER's Negro's Complaint.

The Fifth Edition, corrected.

Sold by M. GURNEY, No. 128, Holborn-Hill,
and W. DARTON and Co. No. 55,
Gracechurch-Street.
1791.
Price 1d. or fourteen for a shilling.

N.B. Persons wanting a larger Number to give away may be supplied at Five Shillings per Hundred, by applying to M. GURNEY.

図3-8　フォックス執筆の小冊子(1791年. ボストン公共図書館)

この小冊子の最大の特徴は、奴隷貿易廃止問題を砂糖消費という人々の日常生活と直接関連づけ、彼ら・彼女らに具体的な行動を迫ったことである。当時のイギリス社会では砂糖を、紅茶をはじめコーヒーやココアなどに入れ、また菓子類にもふんだんに使っていた。イギリスはヨーロッパ最大の砂糖消費国になっていたわけだが、その砂糖はジャマイカ、バルバドス、アンティグアなどの奴隷制プランテーションで生産されていた。英領西インドで奴隷労働によって生産された砂糖が、毎日人々の口に入っている。この事実を小冊子が突いたのである。

たとえば、次のような個所がある。「毎週五ポンド〔重量〕の砂糖を使う家庭は、二一カ月間その使用をやめれば、アフリカ人奴隷一人の「殺人」を防ぐことができる」。あるいは、「アフリカから輸入された奴隷の生産物である砂糖を一ポンド消費すれば、二オンスの人肉を消費したことになる」。

すなわち、日常的に西インド産の砂糖を消費する人は、知らず知らずのうちに殺人を犯しているか、人肉を食っていることになる。「われわれが砂糖の消費をたとえ数年間でも控えれば、西インドへの奴隷輸入を崩壊に追い込むことができるし、奴隷たちの状況も改善し、その自然増加がはかれるであろう」と主張した。

このなかではまた、ある種の歴史認識についても語られている。「われわれはいま〈啓蒙の時代〉に生きており、野獣性や不正がまかり通る無知蒙昧で野蛮な時代を超越してきた。しかし、古き昔の野蛮性をいまだ充分に克服していない。なぜなら、われわれは、もっとも洗練された人道主義的な感性をもちあわせていることを装いながら、奴隷貿易という先例のない残虐行為を働いているからである」。

フォックスはここで二者択一を迫っている。西インド産の砂糖の消費をやめて〈啓蒙の時代〉にふさわしい生き方をするのか、それとも、贅沢な生活を続けて〈野蛮な時代〉のモラルに戻ろうとするのかである。こうした言説は、人々の胸に鋭く突き刺さったのではなかろうか。

じっさいバーミンガムでは、一〇〇〇以上の家庭が砂糖の消費をやめた。ロンドンでも二万五〇〇〇人がこの不買運動に参加した。時の国王ジョージ三世やシャーロット妃もこれに参加したといわれている。当時ウェールズとイングランドの各地を駆けめぐっていたクラークソンによると、彼が通過したどの町でも人々がこの運動に参加していたという。あらゆる階層、あらゆるグループ、国教会の人々も非国教会の人々も、参加していた。

特筆すべきは、この運動には数多くの女性たちが加わったことである。家庭内の消費生活の主導権はたいてい女性が握っていたわけであるから、砂糖の消費問題は奴隷の境遇を〈茶の間〉から考える契機となったのである。

第二次キャンペーン

こうして新たな請願運動を開始する機運が高まり、それは一七九二年二月に各地で開始された。ロンドン委員会は前回のキャンペーンの反省から、請願署名の内容や形式をできるだけ統一しようとした。すなわち、請願は奴隷貿易廃止に限定すること、同一場所では同一形式の署名簿を採用すること、重複署名を極力避けることであった。

最初の署名簿はマンチェスターから委員会に届いた。さらにケンブリッジやニューキャッスル、ウォーリック、ハル、シェフィールド、グラスゴーなどが続いた。結局、三月末までに合計五一九件、約四〇万人分の請願署名が下院に提出された。単一の問題で同一会期中にこれほどの署名が提出されたのは初めてであった。これは当時のイギリスの成人男性人口の約一三%と見積もられている。

この請願運動を背景にウィルバーフォースは、一七九二年四月二日に奴隷貿易廃止法案の動議を下院に提出した。彼の演説は午後六時すぎから始められ、それに続く議論は夜を徹して行われた。ピットの発言中、窓に日の出を知らせる太陽の光が差し込んだとき、ピットは当意即妙に「アフリカに幸福の日の出がもたらされん」と希望を述べた。

しかし、このときの議論でもっとも注目を集めたのはヘンリー・ダンダスであった。彼は、下院の雰囲気を的確に把握し、ウィルバーフォースの奴隷貿易即時廃止に対して漸進的廃止を唱えた。他の議員もすぐさまこれに支持を表明し、西インド経済が急速な痛手を被ることなく奴隷貿易の犯罪性を非難できるこの中庸の道を高く評価した。こうして、ダンダスの漸進的奴隷貿易廃止法案は、二三〇対八五という圧倒的多数の支持を得て、下院を通過した。

じつは、ウィルバーフォースが動議を提出しようとした際、ロンドン委員会のなかにも時期尚早であるとして反対する向きもあった。フランスでは革命が進行中で、しかも一七九一年には、後述するようにその植民地サン・ドマング(ハイチ)で大規模な奴隷叛乱が勃発していた。奴隷貿易廃止のための請願運動が、フランス革命に呼応したイギリスのジャコバン派の仕業であるとみなされている地域もあった。つまり、「奴隷貿易廃止」と「革命」が同一視される風潮が芽生えていたのである。

ロンドン委員会は、奴隷貿易廃止が英領西インドにおける所有権の破壊につながるものではないとの論陣をはった。しかし、多くの人々にとってアボリショニズムは、フランス革命とハイチの奴隷叛乱と同じで、暴力と騒乱のシンボルに映った。

ウィルバーフォースや他の委員会メンバーは、一七八七年以来めざしてきた奴隷貿易の即時廃止が勝ちとれなかったことに対して、屈辱を感じていた。しかし、すぐに気を取り直して、漸進的という言葉は多義的であり、できるだけその期限を縮める方向で議会に働きかけようとした。一七九二年四月二七日、下院での長い議論の末、その期日を一七九六年一月一日とすることが決議された。

ところが上院はこの決議に反対し、この件に関するさらなる証拠を要求した。結局、下院の決議は反故にされた。翌一七九三年、下院は奴隷貿易問題をこれ以上取りあげること自体に反対した。ロンドン委員会は再度、砂糖不買運動を展開しようとしたが、成功しなかった。以後、委員会あるいは奴隷貿易廃止運動は、長い冬の時代を迎えることになる。

図3-9　ノルミル作「カイマン森の儀式」(1990年．浜忠雄『カリブからの問い』20頁より)

四　ハイチの奴隷叛乱

カイマン森の儀式

一七九一年八月一四日の夜、カリブ海に浮かぶエスパニョーラ島の西半分を占める仏領サン・ドマング(現ハイチ共和国)の北部プレジノールのカイマン森で、奴隷たちの大きな集会があった(図3-9)。その目的は、一斉蜂起の手筈を決めることであった。集会には各地のプランテーションを代表して約二〇〇人の奴隷監督が参加していた。主宰したのはブクマンと呼ばれる黒人で、彼は集まった黒人たちを鼓舞し、奴隷蜂起の決行日を八月二二日に決定した。のちにいう「ハイチ革命」の勃発である。

ハイチ革命について研究を進めてきた浜忠雄によれば、誓約して閉会するに先だって、感動的な儀式が行われたという。いわゆるブードゥー・セレモニーである。激しい雷雨のなか、長身の黒人女性が中央に現れ、手にしたナイフを頭上で回しながら、「髑髏《どくろ》の舞いを踊り、アフリカ風の歌を唄った」。さらに彼女はナイフで黒豚の腹を抉《えぐ》り、「泡立つ血がみんなに配られた」。そして、蜂起の首領ブクマンへの絶対服従が誓われたという。

この「カイマン森の儀式」の実在性については疑問視する向きもあるが、黒人奴隷の蜂起が八月二二日の夜に始まったことについては異論の余地はない。いくつかのプランテーションから脱出してきた奴隷たちが北部のアキュレ湾岸に集結し、先のブクマンとオーギュストを指揮官に選出、周辺のプランテーションの管理人やプランターを殺害し、農園の建物に火を放った。奴隷叛乱は北部一帯に燎原の火のごとく広がり、翌朝までに三七人が殺された。

最初に蜂起したのは一万二〇〇〇人とも一万五〇〇〇人ともいわれるが、一七九一年末までには五万人以上にふくれあがった。これは北部の奴隷数の約三割にあたる。銃や労働用具で武装した奴隷たちは、ル・カップに向かい、ここを拠点とした。同年九月末までに北部の砂糖プランテーション、コーヒープランテーションの多数が放火され、白人一〇〇〇人以上が殺害されたという。

一七八九年におけるハイチの人口構成は白人三万八二六人、有色自由人二万四八四八人、黒人奴隷四三万四四二九人、合計四九万一〇三人である。人口の約九割が黒人奴隷であった。白人のほとんどはフランスからの植民者で、プランテーションの所有者や管理人、植民地官吏、貿易商人などである。有色自由人とは白人と黒人とのあいだの混血(ムラート)の自由人がほとんどであるが、解放された黒人も含まれる。

ちなみに、他の仏領西インドの奴隷人口(一七八八年)は、グアドループが約八万五〇〇〇人、マルティニークが約七万三〇〇〇人であったから、ハイチはそれらの五~六倍の黒人奴隷を擁していたことになる。ハイチはアンシャン・レジーム(旧体制)期には「カリブ海の真珠」「アンティーユの女王」などと呼ばれ、この地の奴隷制プランテーションで生産された砂糖やコーヒーは、フランスに莫大な富をもたらしていたのである。

フランス革命と人権宣言

一八世紀のフランスはイギリスとの戦争を繰り返し、国家財政が破綻しつつあった。国王ルイ一六世はこれを解決するため特権身分に対する課税などの財政改革を試みようとしたが、特権身分がこれに抵抗したため、一六一五年以来開かれてこなかった三部会を招集することになった。一七八九年五月にヴェルサイユで三部会が開かれたが、議決方法をめぐって特権身分と第三身分(平民)が対立した。

翌月、第三身分の議員たちは、自分たちこそ国民を代表する国民議会であると宣言し、憲法の起草を始めたが、この動きを国王や一部の貴族が武力で弾圧しようとした。同じ頃、パンの値上がりなどに苦しんでいたパリの大衆は、圧政の象徴とされたバスティーユ牢獄を攻撃し、これに呼応して各地で農民が蜂起する。フランス革命の勃発である。

国民議会は同年八月、封建的特権の廃止を決定し、領主裁判権や十分の一税などが廃止された。さらに議会は人権宣言を採択、すべての人間の自由や平等、主権在民、私有財産の不可侵などをうたった。こうしてアンシャン・レジームからの決別が決定的になった。

ところで、「フランス革命とは何か」と問われて、それは人権宣言である、と答える人も多いであろう。しかし浜忠雄は、人権宣言を慎重に読み解かなければならないとしている。まず、「人権宣言」はあくまで略称であって、正確には「人の権利と市民の権利の宣言」と訳すべきである。つまり、一方に「人の権利」があり、他方に「市民の権利」があり、両者の違いを明確にすることが重要なのである。たとえば第一条では、「人は自由かつ権利において平等なものとして生まれ、生存する」とあるが、ここでの「人」はあくまで一般的・抽象的な人格であって、現実の存在としての個々人が念頭におかれているのではない。

「市民の権利」の方はどうか。第一四条には、「すべての市民は、自分自身で、またはその代表者を通じて、公の租税拠出の必要性を確認する権利を有し、その租税拠出を自分の意思で承認し、その使途を追跡し、その割り当て額・割り当て方法・徴収期間・存続期間を決定する権利を有する」とされている。租税拠出やその使途方法を決定する権利、立法に参加する権利、公職に就く権利などは「市民の権利」であって、「人の権利」ではない。

それでは誰が「市民の権利」を行使するのか。これについては人権宣言に明文規定がない。ただし、その審議過程でシエイエスは、「少なくとも現状では、女性、子供、外国人、そして、公的施設の維持に何等貢献しえない者は、公的問題に何等能動的に影響力を行使すべきではない」と表明している。ここで「公的な問題に能動的に影響力を行使」する人のことを「能動市民」と呼び、その資格は、二五歳以上のフランス人男性で、一定以上の租税を支払い、被雇用者でないなどと、法令で規定された。浜によれば、この条件を満たす能動市民は一七九一年の統計によると約四三〇万人で、全人口の一五・六%にすぎなかったという。

したがって、黒人奴隷はむろんそこには含まれず、人ではなく奴隷主の「財産」であった。人権宣言が採択されたとしても、黒人奴隷には何ら関係のないことであった。

奴隷制廃止

ハイチの奴隷蜂起の情報が本国議会に届いたのは、驚くべきことに蜂起勃発から二カ月以上経過した一七九一年一〇月末のことである。このニュースに対してフランス国内ではさまざまな議論が噴出するが、革命の進行している渦中で状況が流動化していたから、有色自由人と白人が同盟を結ぶことによって、奴隷蜂起や、それにつけこんだイギリスの侵略から植民地を守ることができるという議論が有力となった。そして、有色自由人と白人の法的平等を定めた法令が一七九二年四月に出された。有色自由人は自らの要求を、奴隷蜂起に乗じて、また黒人奴隷に敵対することで、実現したわけである。

しかしいっぽう、ジャン＝ポール・マラーのように、奴隷蜂起に共鳴する共和主義者もいた。彼は、「植民地が本国の暴虐なくびきから脱する権利」という論文で、有色自由人や黒人は白人植民者に対して自決権を行使できるとするラディカルな主張を展開した。

こうしたなかヨーロッパでは革命戦争が始まり、その影響は大西洋を隔ててハイチにも波及する。フランスは、一七九二年四月にまずオーストリアに宣戦布告し、翌年二〜三月にはイギリス、スペインとも戦争状態に入った。スペイン軍は、ハイチの東に隣接するスペイン領サント・ドミンゴからハイチ北東部に侵攻し、一方のイギリス軍は九月にジャマイカから進攻、ハイチ南西部を制圧した。実はハイチのプランターの一部がイギリス軍に期待し、手引きしたのである。イギリス軍の行動は、ハイチの奴隷蜂起の影響がジャマイカその他に及ぶのを防ぐことも目的としていた。

この間、フランス本国では一七九三年一月にルイ一六世が処刑され、ハイチに派遣されていた軍隊は共和派と王党派に分裂し、統制がとれなくなっていた。また、ハイチのフランス人白人たちの一部は、奴隷蜂起の直後から本国に帰還、あるいはアメリカ合衆国やジャマイカなどに脱出した。とくに一七九三年六月に起こった「マカヤ事件」という黒人による白人の虐殺事件が契機となり、一万人規模の白人がアメリカ合衆国やジャマイカに向かったといわれている。

こうした植民地喪失の危機にあって、ソントナクスらフランス政府から派遣されていた代表委員は、黒人奴隷に武器を与えて、イギリス軍やスペイン軍と戦わせようとした。そのためには黒人奴隷を解放することが必要であった。こうして一七九四年二月四日、国民公会は次のような決議を可決した。「国民公会は、すべての植民地における黒人奴隷制が廃止されることを宣言する。したがって国民公会は、植民地に居住する人はすべて、肌の色の区別なしにフランスの市民であり、憲法が保障するすべての権利を享受するものであることを宣言する」。浜によれば、決議は「共和国万歳」「国民公会万歳」の歓声と拍手のなかで採択されたという。

トゥサン・ルヴェルチュールとナポレオン

ハイチ革命とフランス革命には、どうしても登場してもらわなければならない人物がいる。トゥサン・ルヴェルチュールとナポレオンである。

トゥサンは奴隷ではなく有色自由人であったが、最初の指導者ブクマンが処刑されたのちに蜂起に参加し、優れた政治的・軍事的手腕によって奴隷解放闘争を導いてゆく。一方、ナポレオン・ボナパルトは、一七九九年の「ブリュメール一八日のクーデター」によって独裁的権力を握って以降、上述の国民公会による奴隷制廃止決議を反故にし、ハイチに奴隷制を復活させることを画策した。そのためハイチではこれに抗し、フランスからの独立を志向してゆくのである。

トゥサンの両親は、奴隷貿易で西アフリカからハイチに連行され、プレジノールのノエ伯爵所有のプランテーションの奴隷となった。トゥサンは一七七七年頃に解放され、二〇ヘクタールほどのコーヒープランテーションのオーナーになり、一三人の奴隷を所有していた。経営は順調で、かなりの蓄財をしていたといわれている。彼はフランス語や算術を学び、また、古代ローマのカエサルの『ガリア戦記』や啓蒙思想家の一人レナールの『両インド史』などの書物を読み、有色自由人のなかでも教養の高さを誇っていた(図3-10)。

図 3-10　トゥサン・ルヴェルチュール(1797-1801 年頃の版画. ニューヨーク公共図書館)

トゥサンが奴隷叛乱に加わった頃、蜂起した黒人奴隷たちは、フランスのブルボン王家の象徴である百合の花をあしらった白旗を掲げて行進していた。つまり初期の段階では、フランスからの独立の意思はまったくみられず、黒人たちの目標はあくまで奴隷状態からの解放であった。したがって、闘いの直接の矛先は白人プランターに向けられた。

トゥサンは薬草の知識をもっていたため衛生隊の監督になり、頭角を現して部隊の指揮を執るようになっていった。その後、時期は定かではないが、一七九三年三月までに他の指揮官とともにサント・ドミンゴのスペイン軍に合流し、トゥサンとスペインの同盟軍は同年一〇月にはハイチ北部を制圧した。スペイン軍と同盟を組んだのは、資金や兵糧の供給だけでなく、スペイン市民としての自由や権利を与えるとの保証を得たからである。

しかし、トゥサンはハイチにおける奴隷解放を断念したわけではなかった。一七九四年五月、彼はスペイン軍を離れ、今度はフランス軍に加わることになる。これはスペインから自由を与えられたのが一部の黒人にすぎなかったのに対して、すでに触れたようにこの時フランス本国で奴隷制廃止の決議がなされたからである。

フランス軍に合流したトゥサンは同年六月にはスペイン軍からハイチ北部を奪還し、同地に進攻してきたイギリス軍とも戦い、勝利したのである。こうして彼は、一七九七年五月にはハイチ防衛の総司令官に任命された。しかし、上述のようにフランス本国では、ナポレオン支配下で奴隷制復活の機運が生まれていた。

こうした動きを警戒してトゥサンは、イギリスやアメリカ合衆国に接近することになる。イギリスとの交渉内容は、イギリスが再度ハイチに進攻しない代わりにハイチはジャマイカに進攻しない、また、ハイチが独立を宣言する際にはイギリスが支援する、というものであった。アメリカとのあいだでは貿易の振興について合意した。しかし、両国との関係は長続きしなかった。イギリスがフランスとのあいだで「アミアンの和議」(一八〇二年)にむけた交渉を開始すると、トゥサンとの関係は決裂し、アメリカとの関係にも距離が生じた。

この間トゥサンは、一八〇〇年七月までにハイチのほぼ全域を掌握し、翌一八〇一年二月にナポレオンから将軍に任命された。七月には、全七七カ条からなる「フランス領植民地サン・ドマング憲法」を公布した。ここで注目すべきは、やはりハイチを植民地と規定し、独立を標榜していないことである。また、第三条ではハイチにおいて「奴隷は存在しえない」と、明確に奴隷制の廃止をうたっている。さらに、トゥサン自身を終身の総督と規定している。

いっぽうナポレオンは、一八〇二年五月の法令で植民地における奴隷制の再建を明確にし、あわせて奴隷貿易の正常化も目指した。浜は、「ナポレオンの植民地・黒人奴隷制政策に通底するのは赤裸々なレイシズムである」と述べている。これは、ナポレオンが、許可状をもたない黒人、有色自由人の本国入国を禁止し、白人と黒人との結婚を禁止したことに現れている。トゥサンとナポレオンのハイチをめぐる思惑は、真っ向から対立することになった。

ナポレオンは先の法令制定以前から動きだしていた。一八〇一年一〇月、妹ポリーヌの夫ルクレール将軍にハイチ派遣を命じた。この派遣軍の船にはトゥサンの二人の息子イサックとプラシドが乗せられていた。彼らはいわば人質として一七九六年からフランスに送られていたのである。派遣軍の第一陣がハイチ北部のル・カップに到着したのは一八〇二年一月末から二月初めであった。同年六月にはフランスの将軍ブリュネがトゥサンに丁重な手紙を書き、彼を司令部に招いた。しかし、これは卑劣な策略であった。無防備で現れたトゥサンは捕らえられ、すぐさまフランスに送られた。彼はジュー要塞に収監され、一八〇三年四月七日に獄死した。

しかし、ハイチに奴隷制を復活させようとしたナポレオンの目論見は、トゥサンのあとを継いだジャン゠ジャック・デサリーヌによって挫折した。一八〇三年一一月、ハイチ革命軍はフランス軍が占領していた地域を次々に奪還し、一一月二九日にはデサリーヌほかの連名で「サン・ドマング黒人の独立」を宣言した。フランス軍は降伏し、一二月初めにはハイチから撤退、独立戦争が終結した。

翌一八〇四年一月一日、ゴナイーヴに集結した革命軍の指導者は「フランスを正式に放棄する宣言」を発表した。こうして史上はじめての黒人共和国ハイチが誕生したのである。

五　イギリスの奴隷貿易廃止

ハイチ革命が、ラテンアメリカの独立運動や奴隷解放運動に強い影響を与え、鼓舞したことは間違いない。また、アメリカ合衆国のアボリショニストたちはハイチ革命に共鳴し、「サン・ドマング黒人に倣え」を合言葉にしたという。ハイチはまさに「奴隷解放のシンボル」だったのだ。しかし他方で、ラテンアメリカ独立の指導者フランシスコ・デ・ミランダやシモン・ボリーバルは、流血と犯罪の舞台となった「ハイチの二の舞」にならないように、黒人や有色自由人が運動に入ってくるのを慎重に避けたのである。

さてハイチ共和国が誕生した頃、イギリスでも奴隷貿易廃止運動の長い冬の時期が過ぎ去り、再び暖かい春の日差しが降り注ぐようになってきた。旧ロンドン委員会のメンバーは一八〇四年五月二三日に再結集し、運動の立て直し策を検討した。委員会の実質的解散以降も議会で孤軍奮闘していたウィルバーフォース、健康を害して湖水地方で療養していたクラークソンをはじめ、シャープ、ジョージ・ハリソンなどの旧メンバーが仕事を再開し、新たにジェームズ・スティーヴン、ザカリー・マコーリー、ヘンリー・ソーントンらが加わった。

奴隷貿易廃止のための活動の中心は、議会でのロビー活動であった。すなわち、上下院の議員に奴隷貿易廃止派の側につくよう粘り強く働きかけた。ウィルバーフォースは、同年五月三〇日に奴隷貿易廃止法案を提案する許可を下院に申請し、一二四対四九で可決された。さらに第二読会、第三読会(読会とは議案審議の段階のこと)でも可決され、反対勢力が減少していることが明らかになった。しかし、上院では、ホークスベリー卿の修正動議によって審議は翌年に延期されることになった。

翌一八〇五年二月、ウィルバーフォースは再度同じ動議を提出したが、第二読会において審議を半年延期するという修正動議がまたもや提出され、これが七七対七〇で可決された。こうした事態はウィルバーフォースらにとって意外かつ沈痛な結果であった。廃止派議員のあいだに若干の気のゆるみがあったのに対して、西インド派議員たちが巻き返しをはかったのである。

この失敗に鑑み、ウィルバーフォースらは軌道修正し、イギリスが新たに獲得した旧オランダ領ギアナへのイギリス商人による奴隷輸出を禁止する法案を提出した。当時イギリス国内への砂糖供給はすでに過剰となっており、また、再輸出市場でもブラジル、キューバ、東インド産の砂糖が競合し、全般的な供給過剰の状況にあった。したがって、ギアナへの奴隷輸出は砂糖の過剰生産をさらに進めることになり、国民的利益に反すると主張したのである。結果、一八〇五年八月一五日に旧オランダ領ギアナ向けの奴隷輸出は禁止された。これは奴隷貿易廃止派にとっては部分的勝利を意味した。

一八〇六年一月にピットが急死したあと首相に就いたウィリアム・グレンヴィルは、ウィルバーフォースと頻繁に接触した。同年三月三一日、アーサー・ピゴット議員は、イギリス商人が外国植民地に奴隷を輸出するのを禁じる法案を下院に提出した。これに対して、この法案によってアフリカへの輸出が減少するのでイギリスの産業と貿易に損害を与える、あるいは、イギリスが手を引いたあとに他国の商人が入ってくるだけだ、といった従来からの反論が出された一方で、逆に、これは西インド商人にとって利益になるとする意見も出された。いずれにせよ、議論はほとんどイギリスの政治経済的利害に終始した。

結局、この法案は一八〇六年五月一日に下院を通過し、上院でも五月一六日に通過した。これによって、イギリスの奴隷商人が運ぶ奴隷は半分以下になったと見込まれている。

最終局面

イギリスの奴隷貿易全面禁止の実現まで、あと少しであった。グレンヴィルは一八〇六年九月に総選挙にうってでた。選挙の結果、奴隷貿易廃止の反対勢力が幾分減ったものの一掃されたわけではなく、翌一八〇七年一月には彼らは廃止反対のために上院への請願活動を行おうとした。この運動にはリヴァプールの商人、市会議員、港湾理事、また、ジャマイカやトリニダードのプランターや商人なども参加した。彼らは最後の防波堤を築こうとしていたのだ。

グレンヴィルは奴隷貿易の全面廃止法案を同年一月二日に上院に提出したが、議論が実質的に開始されたのは二月五日であった。この日、グレンヴィルは三時間におよぶ大演説をした。彼はこの演説のなかで四つの「正義」を力説した。第一に、貴族議員としての権利を奴隷貿易廃止のために行使する正義である。第二に、植民地のプランターに対して、この正義が決してその真の利益を阻害しないことを強調した。第三に、アフリカの住民に対して、当然配慮されるべき正義が存在すること、最後に、こうした正義に基づく行使が外国の競争相手によって脅かされないことを主張した。彼の演説は大いに称賛され、法案は委任状も含め一〇〇対三四で上院を通過した。

法案は二月一〇日に下院に持ちこまれたが、議場は奴隷貿易廃止に圧倒的に傾いていた。それは、ウィルバーフォースが着席するのを多くの議員たちが拍手喝采で迎えたことでわかった。正義と人道主義に基づいて奴隷貿易を廃止すべきことを、多くの議員が感じていたのである。採決の結果は二八三対一六で、予想をはるかに上回る大勝利であった。その後、法案には罰則規定が追加され、王室の同意が得られたのが三月二五日のことである。これによって、一八〇七年五月一日以降イギリスの港から奴隷船を出航させてはならず、また、一八〇八年三月一日以降植民地に奴隷を荷揚げしてはならないことになった。

ロンドン委員会結成から二〇年を経て、ようやくここにその目的が達成されたのである。

六　在英黒人とシエラ・レオネ植民地

奴隷貿易廃止と植民地拡大

こうしてイギリスは奴隷貿易廃止に踏み切ったわけであるが、皮肉にも、それは植民地拡大という影の側面をともなっていたことを強調しておきたい。奴隷貿易廃止運動と並行して、かつそれと密接な関係をもちながら、西アフリカ西南部のシエラ・レオネに植民地が形成されつつあった。結論を先取りすれば、この地域に在英黒人などが連れてこられ、入植地域を徐々に拡大していったのである。

また後述するように、自国の奴隷貿易廃止以降、イギリスは他国に外交的・軍事的圧力をかけ、奴隷貿易廃止の条約を結んでいった。こうした政治状況を背景に、イギリス海軍は他国の奴隷船を拿捕してシエラ・レオネに連行し、船に積み込まれていた奴隷を解放した。そして、解放された奴隷のほとんどはこの地で暮らすことになるのである。

さて、一七八三年にアメリカ独立戦争が終結したとき、少なくとも一万四〇〇〇人の黒人がイギリス軍と行動を共にしていたといわれ、彼らはロイヤリスト(忠誠派)と呼ばれた。ふりかえれば、戦争が勃発した一七七五年の一一月にヴァージニア総督ダンモア卿(ジョン・マレー)が、イギリス軍に参加する奴隷には自由を与えるとする「ダンモア宣言」を発表したことは有名である。また、一七七八年後半以降、イギリス軍がアメリカ南部諸地域で平定作戦を展開した際、数万人規模の逃亡奴隷が発生した。イギリス軍は彼らを戦時捕獲物とみなし、さまざまな労働に使役した。黒人奴隷たちは、自身の解放を勝ち取るため、生命を賭して軍に身を投じたのである。

戦後、イギリス軍の撤退とともにそうした黒人たちの一部は、サヴァンナ、チャールストン、ニューヨークなどからイギリスに渡った。これ以外に英領カナダのノヴァ・スコシアに渡った黒人たちも数千人いたといわれている。一七八四年頃から、ロンドンで黒人の存在が目立ちはじめるようになる。すでに述べた従来からの黒人にまじって、新たな在英黒人が形成されつつあったのである。彼らの多くは仕事のない貧困層であった。

こうした事態に対処するため、一七八六年初めには「黒人貧民救済委員会」が組織され、慈善活動を展開しはじめた。同年九月末の時点で支援対象者は一〇〇〇人にのぼった。この委員会は半官半民の非営利の組織であり、民間からの寄付もあったが、出費のほとんどが政府からであった。一〇月に活動を停止するまでに、出費は二万ポンドになったといわれている。

シエラ・レオネへの黒人移送

この救済活動と並行して、在英黒人をシエラ・レオネに入植させる計画が浮上した。計画を立案したのはヘンリー・スミースマンというアマチュアの生物学者で、彼は一七七〇年代前半にシエラ・レオネとその周辺を探検し、植物の標本を収集していた。スミースマンは、西アフリカの地に奴隷労働ではなく自由労働に基づく農業プランテーションを創設する構想をもっていた。それはまた、黒人と白人が平等の、民主主義的・自由主義的原則に基づく自由共同体でもあった。この構想が、在英黒人と結びつけられていくのである。

スミースマンの構想はロンドンのアボリショニストたちの関心を呼びおこしたが、なかでも当初もっとも積極的な支持を表明したのはシャープであった。彼は、すでに触れたサマーセット事件の裁判に積極的に関与し、在英黒人と密接な関係をもっていた。スミースマンの計画を知ったとき、彼はそれを、在英黒人にとって理想的な社会を構築するための青写真であるとみなした。黒人たちがキリスト教によって「文明化」され、生産的な生活を送ることができるようになると考えたのである。

図 3-11　シエラ・レオネ植民地(1790 年頃の版画．大英図書館)

黒人貧民救済委員会がこの構想にとびついたのはいうまでもない。委員会は、シエラ・レオネほど黒人が生活するのに適した場所はないと喧伝し、この計画に参加する黒人入植者には一人当たり一四ポンドを支給するという呼び水まで用意した。しかし、当の黒人たちがこれに素直に応じることは難しかった。なぜなら、第1章で述べたように、シエラ・レオネは奴隷貿易活動の一つの拠点であったからである。

しかし、計画に懐疑的な黒人がいる一方で、多少のリスクはあっても自分の将来を当地への入植に賭けようとする黒人たちもいた。救済委員会は、入植候補者を増やすため、日々の支援を受ける代わりに入植契約に署名することを黒人たちに半ば強制した。そして、この計画に強い関心を示したのが、すでに述べたイクイアーノである。救済委員会は彼にこの事業の監督をするように促した。その際彼は、現地における人身売買防止対策をたてなければならない、と委員会に進言した。政府は一七八六年一一月にイクイアーノを執行代理人に任命した。

計画を実行に移すときが迫っていた。入植計画に同意した黒人たちは、奴隷商人の餌食にならないように、イギリス臣民であることを示す証明書と武器を要求した。その他、警察官や駐留軍、食糧、鍛冶場、テント、ティーと砂糖なども併せて要求した。この計画は、海外でチャンスをつかもうとする一部の白人にとっても魅力のあるものにみえた。こうして、黒人、白人を含めて約七〇〇人の入植希望者が署名した。

しかしその後、この計画にやはり疑念を持つ者が続出した。イクイアーノもその一人である。彼は船に物品が積み込まれている際に艤装業者による不正を発見し、それを告発したが、逆に執行代理人を解任されてしまったのである。一七八七年二月にポーツマス港から出帆したときには、三隻の船に四五六人しか乗り込んでいなかった。このうち一〇〇人余りが白人の入植希望者であった。出航後しばらくして激しい嵐に見舞われ、船団はバラバラになり、急遽プリマス港で立てなおさなければならなかった。四月に再びプリマスから出帆したとき、入植希望者は四一一人になっていた。

船団がシエラ・レオネに到着したのは一七八七年五月であった。航海中に三四人が死亡し、入植者はさらに三七七人に減っていた。一行の団長を務めていたトムソン船長は、二〇平方マイルの土地を現地のテムネ人首長から購入し、この最初の入植地をグランヴィル・シャープにちなんでグランヴィル・タウンと名付けた。

不幸なことに、住居を建てる前に雨季が始まった。長い航海のために弱っていた入植者は次々と病に倒れた。同年九月までに八六人が死亡し、一五人が入植地から離れた。翌一七八八年の初めまでに、入植者は一三〇人にまで減少したといわれている。八月にシャープが主導してイギリスから物資が届けられたが、入植地を破滅から救うことはできなかった。入植四年後に残っていたのはたったの六〇人であったといわれる。

ノヴァ・スコシアの黒人とジャマイカのマルーン

しかしながら、シエラ・レオネは自由人の入植地としての理想を保持していた。一七九〇年、シャープ、ウィルバーフォース、ソーントンらが中心になって、アフリカでの合法貿易を遂行するための組織、セント・ジョージ湾協会を結成した。そして翌年六月にはイギリス政府から特許状が与えられ、シエラ・レオネ会社創設に至る。この会社は一三人の取締役のもとで組織され、会長には銀行家のソーントンが就任し、出資金は二万ポンドを超えた。会社経営の目的は、シエラ・レオネにおいてキリスト教とヨーロッパ文明を浸透させることによって奴隷貿易を制圧し、合法貿易を推進することであった。

この取締役会の構成メンバーが、のちにクラパム派と呼ばれる国教会福音主義派であった。クラパムはロンドン南部の地区名であるが、そこにソーントン家があった。歴史的には、すでに述べたテストンサークルに集っていた人々の一部がこのソーントン家に集うようになったともいえる。ウィルバーフォースや彼の友人のチャールズ・グラント、ジェームズ・スティーヴン、ザカリー・マコーリー、それにこの地区の牧師であったジョン・ヴェンなどである。いずれもアボリショニズムにおいて重要な役割を果たした人物である。

同じ頃、ノヴァ・スコシアからイギリス本国に向かっていたトマス・ピータースという黒人ロイヤリストがいた。すでに触れたようにノヴァ・スコシアは、アメリカ独立戦争でイギリス側についた黒人たちの一部が逃げのびた地であるが、黒人たちはここで土地保有が約束されていたにもかかわらず、反故にされてしまった。そこでピータースは、イギリス政府に補償を求めるため、一七九一年にロンドンに赴いたのである。

ピータースはシャープやソーントンらと接触したようで、その際シエラ・レオネへの入植の話がもちだされ、彼はこれをノヴァ・スコシアに持ちかえった。そして一七九二年一月、入植計画に興味を示した黒人たちが結集し、一一三一人が一六隻の船に乗り、三月にシエラ・レオネに到着した。航海中に六五人が死亡している。船団を指揮していたのは、トマス・クラークソンの弟ジョンで、彼はシエラ・レオネの総督に任命されていた。

しかし現地では、これだけ多数の入植者に対応する準備ができていなかった。グランヴィル・タウンに新しい町、その名も「フリータウン」を建設しようとしたが、食糧が不足していた。シエラ・レオネ会社は食糧船ヨーク号を派遣したが、不慮の事態が発生し、現地に着かなかった。六月に入ると雨季が始まり、入植者の七〇〇人以上が熱病に悩まされたという。それでもノヴァ・スコシアからの入植者たちはフリータウンに踏みとどまり、困難な事態を何とか切り抜けた。この町に住みつき、一七九六年頃までには三〇〇〜四〇〇軒の家が立ち並んでいたという。しかし、植民地の制度化と安定化への道はまだ遠かった。

次にシエラ・レオネにやってきたのは、ジャマイカのマルーン出身の黒人たちであった。マルーンとはカリブ海諸島および南北アメリカにおいて、プランテーションから逃げた奴隷、あるいは彼らの共同体のことを指す。一七三〇年代には、ジャマイカ東部にウィンドワード・マルーン、西部にリーワード・マルーンが形成され、一〇カ所ほどの村に一〇〇〇人以上が自給自足の生活をおくっていたといわれる。

一七三〇—三九年、そのマルーンと植民地政府とのあいだで第一次マルーン戦争が起こる。一種のゲリラ戦争であった。詳しい経緯は省くが、戦争の終結に際して和平協定が結ばれ、マルーンに自治権を認め土地を付与する代わりに、島外からの侵略や奴隷叛乱に対しては植民地政府と共同してその防衛にあたり、また、逃亡奴隷がマルーンに逃げ込んだ場合には即座に送還する、という取り決めがなされた。

図 3-12　待ち伏せするマルーン(1801 年頃の版画．大英図書館)．第 2 次マルーン戦争におけるトレローニー・マルーンを描いたものであろう

その後、一七九五年には第二次マルーン戦争が起こる。二人のマルーンが盗みの罪で公開鞭打ち刑に処せられたのがきっかけになって、約七〇〇人の勢力をもつ西部のトレローニー・マルーンが決起したものである。マルーンたちはゲリラ戦を展開したが、植民地軍はキューバから戦争用猛犬を投入し、叛乱を鎮圧したといわれている。約六〇〇人のマルーンが投降し、このうち五〇〇人以上がノヴァ・スコシアに追放された。この黒人たちはノヴァ・スコシアの寒

い環境に耐えられず、自ら進んでシエラ・レオネに送ってくれるように要請した。こうして、マルーンたちは一七九九年にシエラ・レオネに送られてきたのである。

アフリカ協会の結成と外交的・軍事的圧力

一八〇七年にイギリスが奴隷貿易を廃止して以降、アボリショニストたちの次の課題は、アフリカの人々のあいだに有用な知識を広め、農業やさまざまな産業を導入することによって、奴隷貿易がなくなったあとの合法貿易を推進すること、また、奴隷貿易をまだ続けている国々に対して廃止を迫ることであった。デンマークはすでに一八〇二年に、アメリカ合衆国は一八〇八年に奴隷貿易を廃止していた。ラテンアメリカでは、一八一一年にはベネズエラおよびチリで、アルゼンチンではその翌年に廃止された。スウェーデンでは一八一三年である。

しかし、これらの地域・国は奴隷貿易の中心ではなく、廃止に対する抵抗はあまりなかった。他方で、ポルトガル(ブラジル)、フランス、オランダ、スペインは、イギリスの廃止以降も盛んに奴隷貿易活動を展開していた。

アフリカ協会は、アフリカとの合法貿易の促進および他国の奴隷貿易廃止を目的として一八〇七年四月一四日に結成された組織である。メンバーはシエラ・レオネ会社の取締役が中核になっていた。シャープ、ウィルバーフォース、クラークソンのほかソーントン、チャールズ・

グラントらである。ザカリー・マコーリーが事務局長に、ロイヤル・プリンスのグロースター卿が名誉総裁に就任した。下院議員を加えることによって政府との関係を緊密化しようとした。

奴隷貿易廃止を迫るイギリスの外交政策によって、まずオランダが一八一四年に廃止に同意した。翌一八一五年にはフランスがそれに続き、またポルトガルも赤道以北の奴隷貿易を廃止した。一八一七年にはスペインも赤道以北の奴隷貿易を廃止し、一八二〇年には赤道以南についても非合法とした。また、一八二二年にポルトガルから独立したブラジルが奴隷貿易廃止に踏み切ったのは、一八三〇年のことであった。これらはすべて、イギリスとの二国間協定によって実現されたものだ。

しかし、公式の協定による奴隷貿易廃止は、直ちに実際上の廃止を意味しなかった。一九世紀において大量の奴隷を輸入したのは、ブラジルとキューバ、それにこれらよりも人数はかなり少ないが、プエルト・リコであった。ブラジルは後述するように一八三〇年代から「コーヒーの時代」を迎えていたし、キューバは新たな技術に基づく大規模な砂糖プランテーションの最盛期を迎えており、非合法の奴隷貿易は活発に行われたのである。

こうした非合法の奴隷貿易を取り締まるうえで実効的な役割を果たしたのが、イギリス海軍である。アフリカ沿岸を拠点にして非合法の奴隷貿易を監視し、奴隷船とおぼしき船を見つけると拿捕し、主としてシエラ・レオネのフリータウンに連行した。ここでイギリスと当該国の

表10　フリータウンの合同法廷で判決を受けた奴隷船(1834年)

船　名	合同法廷名	拿捕された日付	拿捕された場所	フリータウンに着くまでの日数	拿捕奴隷の数	判決を受けた奴隷数	備　考
ベンガドール	スペイン	1月 8日	カラバール沖合	36	405	376	377人が上陸，うち1人が判決前に死亡
カロリーナ	スペイン	2月16日	ラゴス沖合	25	350	323	
ラ・パンティカ	スペイン	4月27日	カラバール沖合	29	317	269	274人が上陸，うち5人が判決前に死亡
マリア・イサベル	スペイン	8月 5日		26	146	130	134人が上陸，うち4人が判決前に死亡
アロガンテ・マヤゲサーナ	スペイン	9月17日	モンロビア南約900 km	3	336	288	309人が上陸，うち21人が判決前に死亡
ペピタ	スペイン	6月30日	カメルーン川	36	179	153	
インダガドラ	スペイン	10月31日	アクラ南約650 km	13	375	361	
エル・クレメンテ	スペイン	11月 3日	ラゴス南約600 km	16	415	401	403人が上陸，うち2人が判決前に死亡
マリア・ダ・グロリア	ポルトガル	1833年11月25日	リオ・デ・ジャネイロ沖合	97	423		注)
タメガ	ポルトガル	6月14日	ラゴス沖合	20	442	434	436人が上陸，うち2人が判決前に死亡

出典) "Returns of Vessels brought before the Courts of Mixed Commission 1830-4", *British Parliamentary Papers: Slave Trade*, vol. 89, pp. 9-21.

注) 423人中10人がリオで誘拐され，78人がシエラ・レオネへの航海途上で死亡，26人が判決前に死亡，残りの309人は船長にその船とともに引き渡された．船長は，64人の病人をイギリス政府に引き渡し，残りの245人を連れて行った．これは，非合法に拿捕されたとして，返還された例である．

判事による合同法廷が開かれ、奴隷船と確定されると、積み込まれていた奴隷はすべて解放された。

表10は、一八三四年にフリータウンでの合同法廷で判決を受けた奴隷船一〇隻についてまとめたものである。まず合同法廷は、イギリスとスペインのもの、イギリスとポルトガルのものに限られている。これは、この時期の奴隷の輸出先がスペイン領のキューバとブラジルに集中

図3-13　イギリス海軍による奴隷船取り締まり
(上) ラトラー(Rattler)号によるブラジルの奴隷船アンドリーニャ(Andorinha)号の追跡(『イラストレイテッド・ロンドン・ニュース』1849年12月29日号). この奴隷船は「スクーナー」と呼ばれるアミスタッド号の同型船で，アメリカ合衆国で建造されたという
(下) パール(Pearl)号に拿捕された後のポルトガルの奴隷船ディリジェンテ(Diligenté)号(1838年. スミソニアン国立アフリカン・アメリカン歴史文化博物館). パール号の士官H. S. ホーカーが描いたもので，甲板上に多数の奴隷が見える

していたことを物語っている。ブラジルはすでにポルトガルから独立していたが、ブラジル行きの奴隷船の多くがポルトガル国旗を掲げていたため、イギリス・ポルトガルの合同法廷で裁かれたのである。また、拿捕された場所は西アフリカ沖合に集中しているが、ときにはブラジル沿岸や、表10にはないがカリブ海にも及んでいる。

一八一九―四五年に裁かれた奴隷船は総計六二三隻にのぼり、そのうち五二八隻がフリータウンに連行された（約八五％）。それ以外では、ハバナに五〇隻（約八％）、リオ・デ・ジャネイロに四四隻（約七％）などである。

こうしてシエラ・レオネは、多様なルーツをもつ黒人たちの送還地になっていった。そして一八〇八年にはすでに、イギリスの直轄植民地となっていたのである。

シエラ・レオネで解放されたアフリカ人は、一八一四年までに約六五〇〇人で、そのうち約三五〇〇人がシエラ・レオネにとどまり、約二〇〇〇人がイギリス海軍に入り、残りは故郷に帰ったり、死亡したり、あるいは、再び奴隷貿易の餌食になる者もいたという。一八一四年までに解放アフリカ人が植民地人口全体の五分の三以上を占めるようになる。在英黒人、ノヴァ・スコシアからの黒人、ジャマイカのマルーン出身の黒人が少数派になっていったのである。

七　奴隷貿易の終焉

ブラジルのコーヒープランテーション

上述のように、一九世紀初頭から各国が奴隷貿易廃止の宣告をしていったものの、奴隷貿易がすぐさま消滅したわけではなく、同世紀の奴隷の受け入れ先の中心は、ブラジルとキューバであった。イギリス海軍が西アフリカ沿岸その他で目を光らせていたものの、拿捕した奴隷船は氷山の一角であった。一八一一—六七年に上陸した奴隷数は二六四万人にのぼり、このうちブラジルが一七〇万人である。

ブラジルの歴史をたどると、一六世紀後半から一七世紀は北東部のバイアやペルナンブコでの砂糖生産が中心であり、一八世紀は南東部北のミナス・ジェライスでの金生産が浮上した時代であった。そして一九世紀になると、南東部のリオ・デ・ジャネイロとサン・パウロでのコーヒー生産が中心になっていく。いずれも奴隷労働が必須の条件であった。

コーヒーは一八世紀にすでにブラジル各地で生産されていたが、ローカル市場向けであった。世界市場向けに生産されるようになるのは一九世紀に入ってからであり、これにはハイチ革命の影響が大きかった。革命によってハイチのコーヒー生産が激減するいっぽう、同じ頃にはアメリカ合衆国やヨーロッパにおけるコーヒー需要は急速に高まっていたのである。ブラジルのコーヒー輸出が総輸出額のなかで第一位になるのは一八三一年のことで、このときハイチのピーク時(一七九一年)のコーヒー生産量を上回った。一八五〇年代になると、ブラジルのコーヒー生産は世界全体の五割を超えた。

イギリスの奴隷貿易鎮圧政策

一八二二年にブラジルがポルトガルから独立して以降、イギリスはブラジルに外交的圧力をかけつづけた。一八二六年に両国は英伯条約を締結し、両国が批准してから三年後に、ブラジルの奴隷貿易を全面的に禁じるとの取り決めをした。こうして一八三〇年には、ブラジルの奴隷貿易は全面的に非合法となる。

しかし、すでに述べたように、ブラジルではコーヒー生産が急激に拡大する時期にあたっており、奴隷需要もうなぎのぼりであった。それでも一八三一年にペドロ一世が退位したあと、自由主義的な政府が成立し、そのもとでブラジルに輸入された奴隷はすべて解放されるという法律が制定された。その結果、一八三〇年代前半にはブラジルへの奴隷輸入は激減した。

しかし、三〇年代後半になると大地主を政治的基盤とする保守派が台頭し、英伯条約は一挙に反故にされ、密貿易が横行した。実は、ブラジルにおける奴隷の価格がこの時期に三倍以上に高騰したのである。一方アフリカ沿岸での奴隷の購入価格は、各国の奴隷貿易廃止の影響で下落したため、利鞘を求めて奴隷貿易に参画する冒険的商人が増加した。そのひとりがベルナルディーノ・デ・サであった。

彼はおそらくポルトガルで生まれ、リオで小売店を営んでいたが、奴隷貿易に参画した。一八三〇年代半ばには自身の奴隷船を所有し、赤道以南のアフリカ沿岸に貿易拠点を開設、イギリス製の綿織物と交換に奴隷を獲得していた。イギリス海軍の拿捕から逃れるため、彼の船はポルトガル国旗を掲揚していたという。彼は奴隷貿易で急速に財力を蓄え、リオでは資産家および政治的影響力の強い人物としてあまねく知られるようになった。さらに彼は、ポルトガルのマリア・ダ・グロリア女王から男爵の称号を授けられ、名実ともにブラジルの名士の仲間入りを果たしたのである。

拿捕から逃れるために他国の国旗を掲げる例はほかにもたくさんみられる。多かったのはアメリカ合衆国の星条旗である。とくに一八三九年、イギリス海軍にポルトガルの奴隷船を拿捕できる権限を与える「パーマストン法」がイギリス議会で可決されて以降、アメリカのボルティモアで建造された奴隷船がブラジルに輸出され、その船には星条旗が掲げられていたのである。この奴隷船は、「風に乗って飛ぶように走ることができる」クリッパー船であった。

他方、イギリス海軍の西アフリカ艦隊は一八四〇年代、三六隻以上の船舶に四〇〇〇人以上の海軍兵士を乗船させていたが、船は小さくかつ古かったので、こうした船足の速い新奴隷船を拿捕するには困難を極めた。それでも、ある推算によれば、イギリス海軍は一八〇八―一八六七年に一六〇〇隻以上の奴隷船を大西洋上で阻止し、それらには約一六万人の奴隷が積み込まれていたとされる。

一八四〇年代後半、ブラジルへの奴隷輸入は最終局面を迎えていた。一八四五年にイギリス議会で「アバディーン法」が可決され、イギリス海軍にブラジルの奴隷船をいかなる場所においても拿捕できることが再確認された。海軍はブラジルの領海内に入り、非合法の奴隷船を拿捕した。これに対してブラジル政府も一八五〇年に「ケイレス法」を制定し、奴隷貿易活動を海賊行為と規定し、リオその他の奴隷貿易港の荷揚げ場や事務所を強制的に閉鎖した。こうして、約三〇〇年にわたって続いてきたブラジルへの奴隷貿易に終止符がうたれたのである。

アミスタッド号事件

さて、次の舞台はキューバとアメリカ合衆国である。一九世紀にブラジルに次いで奴隷輸入数が多かったのはスペイン領キューバであるが、それは一八世紀終わりからキューバにおいて砂糖産業が急速に拡大したためである。

一七九二年のキューバにおける製糖工場の数は四七三、砂糖生産高は一万四六〇〇トンであったが、一八〇二年には工場数が八七〇、生産高が四万八〇〇トン、さらに一八五九年には工場数が二〇〇〇、生産高が五三万六〇〇〇トンに急増している。砂糖生産高だけをみれば、一七九二年に比べて一八五九年には実に三六・七倍に増えているのである。一八五九年における世界のサトウキビを原料とする砂糖生産高のうちキューバは約三割を占め、第一位である。奴隷人口も一七九二年の六万四六〇〇人から一八五八年の三六万四三〇〇人へと、五倍以上に増えている。

この急激な拡大に大きな影響を与えたのは、ブラジルのコーヒーの場合と同様にハイチ革命であった。一八世紀後半における世界最大の砂糖生産地であったハイチで大規模な奴隷叛乱が起こったため砂糖産業が崩壊し、その代わりにキューバが台頭したというわけである。ハイチの資本や技術が直接キューバに移ったということもあった。

そして、この急激な成長を支えたのが奴隷貿易であった。すでに第1章で述べたように、スペイン領アメリカは当初から、奴隷輸入に関してはアシエント制によって外国の奴隷貿易活動に依存してきた。しかし、アシエントは一七六二年以降廃止され、奴隷貿易は自由化の時代に入り、スペイン自身も遅ればせながら奴隷貿易に参画したのである。しかしその後イギリスは一九世紀初頭に奴隷貿易を廃止し、他国の奴隷貿易を阻止するために外交的・軍事的圧力を強化した。その対象にスペインの奴隷貿易活動も入っていた。

このような歴史的背景のもとで、アミスタッド号事件が起こった。この事件は、一九九七年に公開されたスピルバーグ監督の映画『アミスタッド』で一躍有名になった。映画と歴史的事実は若干異なる部分もあるが、歴史的事実に即してこの事件に光を当てたい。

主人公はシンケという名前の青年である(図3-14)。彼はシエラ・レオネのメンデ国の生まれで、妻と三人の子どもがいたが、一八三九年、二五歳のときに誘拐され、ポルトガルのテコラ(Tecora)号という奴隷船に詰め込まれ、イギリス海軍の監視の目をくぐって同年六月にキューバ北西のハバナ近くの港町に到着した。しばらくしてシンケは他の四八人の男たち、三人の少女、一人の少年とともにホセ・ルイスとペドロ・モンテスというスペイン人の奴隷商人に買われた。五三人の奴隷は東部のプエルト・プリンシペに連れていかれる予定であった。

図3-14　シンケ(1839年頃の版画．アメリカ議会図書館)

彼らが乗せられた船が、皮肉にもスペイン語で「友情」を意味するアミスタッド(Amistad)号であった。この船には船長と船員二人、キャビンボーイ、コックとその奴隷二人、計七人が乗っていた。もちろんルイスとモンテスも乗船していた。プエルト・プリンシペに向けて出帆したのは、一八三九年六月二八日のことである。

船で奴隷たちは、昼間は鎖をつけられなかったので、自由に動きまわることができたという。通常ならば目的地に三日ほどで着くはずであったが、風がなく、ほとんど前に進まなかった。シンケを中心に叛乱の計画が練られた。実は、四九人の男たちのほとんどがメンデ国の出身であった。

六月三〇日の夜、奴隷たちはいつものように足枷をはめられた。シンケは、準備していた釘で足枷をはずし、ほかの奴隷たちの足枷もはずした。奴隷たちは船内を探索し、武器を探した。そして、サトウキビ伐採用のマシェット刀を見つけた。翌朝四時頃、叛乱が開始された。船長とコックはすぐに殺され、二人の船員は叛乱が始まってすぐにボートで脱出した。ルイスとモンテスは降伏せざるをえなかった。

こうしてアミスタッド号の指揮をシンケたちがとることになった。目的地は故郷のアフリカである。しかし、奴隷たちは航海術を知らなかった。そこでルイスとモンテスに、アフリカに向かうよう命令した。けれども、スペイン人の二人は、昼間はアフリカの方に向かうようにしたが、夜になると西と北に針路をとり、アメリカ合衆国沿岸に向かおうとした。

シンケは疑いをもったが、そのうち水と食料が底をつきはじめ、遭遇した船の船長に懇願し、金貨を渡して水と食料を手にいれた。それでもこの航海で仲間のうち一〇人が死亡した。この間アミスタッド号はアメリカ東海岸で何回も目撃され、新聞記事にもなった。結局、ジェドニー大尉が指揮するアメリカ海軍ワシントン号に拿捕され、八月下旬にコネティカット州ニューロンドンに到着した。ここでアミスタッド号はアメリカ海軍の監視下におかれた。

合衆国での裁判

こうしてコネティカット州の地方裁判所で裁判が始まった。担当判事のジャドソンは、アミスタッド号の船上でいったい何が起こったのかを解明するために関係者の事情聴取を開始した。スペイン人からの聴取は問題なく進み、ルイスとモンテスの証言によってシンケらは殺人罪と海賊行為の罪で告訴された。

いっぽう、シンケたちの被告人の弁護を引き受けたのはボールドウィンらであるが、問題はメンデ人の言葉を解する者がいなかったことである。しばらくしてコーヴェイというメンデ人を探しだした。彼は、子どものとき奴隷として奴隷船に乗せられたが、イギリス海軍にその奴隷船が拿捕され、シエラ・レオネに連れていかれ、解放された。彼はそこのミッション・スクールで英語を習得し、その後イギリス船の乗組員になっていたのである。こうしてシンケらから事情を聴くことができたのである。

時間は少し前後するが、アミスタッド号事件に関心を抱いた合衆国のアボリショニストたちは、アフリカ人を支援するための組織を作っていた。事情聴取を傍聴していたドワイト・ジェーンが、仲間を集めて九月七日に結成したアミスタッド委員会である。参加したのは、ニューヨークの奴隷解放新聞『イマンシペイター（奴隷解放者）』の編集人ジョシュア・リーヴィット、黒人教会の司祭シメオン・ジョスリン、裕福な実業家のルイス・タッパンなどであった。この組織が中心になってコーヴェイを探しあて、資金を集め、有能な弁護士を探しだした。この裁判を勝利に導くことで合衆国の奴隷解放運動を前進させることができると考えたのである。

裁判の争点は錯綜していた。殺人と海賊行為でシンケらを裁く裁判には、刑事上の罪状に加えて、船と積み荷、奴隷たちの所有権に関する請求も提出された。この裁判にはアメリカやスペインの奴隷貿易に関する政策、また、イギリスの奴隷貿易鎮圧政策が絡んでいた。

ジャドソン判事は翌一八四〇年一月、次のような判決を下した。アメリカ海軍のジェドニー大尉は、アミスタッド号とその積み荷が売れた場合、その三分の一を受けとることができる。ただし、アフリカ人たちは含まれない。シンケらはスペインの法律に違反してキューバまで連行されたからであり、彼らは所有物ではなく、人間であるからである。彼らは自由を獲得するために叛乱を起こした、したがって、彼らはアフリカに帰されるべきである。判決が言いわたされると、アフリカ人たち、弁護団、アボリショニストたちのあいだに歓声が沸き起こった。

しかし、その喜びは数日のうちに消えさった。時のヴァン・ビューレン大統領がスペインとの外交関係に配慮し、上告の手続きをとるよう命令を下したからである。舞台が連邦最高裁判所に移った。

ここで弁護団に加わったのがジョン・クインシー・アダムズ(図3-15)であった。彼は数々の政治的経験を積み、一八二五年には第六代大統領となった大物である。最高裁での公判が始まったのは一八四一年二月で、ボールドウィンはシンケらにふりかかった災難といきさつを長時間にわたって説き起こし、彼らが合衆国の法律を侵していないかぎり、政府は彼らをキューバに送り返すことはできない、と強調した。次に、アダムズが長時間にわたる演説を行った。とくに重要なのは、ヴァン・ビューレン大統領の裁判への干渉が司法制度の根幹を脅かすものであると論難したことである。

図 3-15　ジョン・クインシー・アダムズ(1850年頃. メトロポリタン美術館)

こうして同年三月九日、アフリカ人は自由であるとの最高裁判決が下された。人間は自由のために闘う権利があり、たとえ恐ろしい行動をとったとしてもほかに方法がなかったからであり、それで罰せられるべきではない、とした。

このニュースが当のアフリカ人に届けら

れたとき、彼らは喜んだはずであるが、疑いが半分といったところであった。一方、アミスタッド委員会はこれに満足した。そして、この判決に基づいて本やパンフレットを書き、宣伝した。『イマンシペイター』をはじめとする奴隷解放の新聞もこの判決を大勝利とたたえ、奴隷解放運動を前進させようとした。委員会は資金を集め、シンケら三五人をアフリカに帰す船を準備した。この船には五人の牧師も同行した。一八四一年一一月に出帆し、翌年一月にシエラ・レオネの港に到着した。

キューバへの奴隷貿易は、一八六六年に廃止された。こうして大西洋奴隷貿易は、奴隷たち自身の命をかけた抵抗、アボリショニストたちの努力、そして各国のさまざまな政治的・経済的・外交的思惑が交錯するなかで、四〇〇年という長い年月ののち、終焉したのである。そしてこの間には、奴隷制廃止の動きも急速に進行していった。本書の最後となる次章の課題である。

第4章
長き道のり
——奴隷制廃止から現代へ——

「東インド産砂糖　奴隷生産に非ず」. 反奴隷制運動が活発化した1820年代頃，ブリストルで作られたとされるガラス製のシュガーボウル. 同様のものは陶器でも作られている

一　奴隷制廃止へ

反奴隷制協会の結成

一八〇七年の奴隷貿易廃止以降、イギリスのアボリショニストの最重要課題は、奴隷制そのものを廃止することであった。しかし、彼らは次のような見通しから、奴隷制廃止は自然かつ漸進的に実現すると期待していたふしがある。すなわち、奴隷貿易が廃止されたために植民地には新たな奴隷が入ってこない。よってプランテーションを継続するためには現有の労働力でまかなうしかない。そのためには奴隷の労働・生活条件を改善せざるをえない。そして処遇改善が積み重ねられることによって、最終的には奴隷制そのものも廃棄されるであろう、と。

このような想定のもとで彼らは、奴隷貿易廃止後しばらくのあいだ、植民地における奴隷の処遇がどのように改善されていくのかを見守っていた。クラパム派の一員であり、ウィルバーフォースの妹と結婚していたジェームズ・スティーヴンは、英領西インド植民地の奴隷人口を監視するため、各植民地に奴隷の登録制度を導入することが必要であると主張した。植民地のなかには、この制度は植民地の内政に対する本国政府の介入であると反対する向きもあったが、結局これを受け入れた。本国議会では一八一七年に奴隷登録法として正式に成立し、一八二〇年一月一日に施行された。

この法律は二つの目的をもっていた。第一に、各植民地の奴隷人口を調査し、それぞれの奴隷について年齢・性別・名前・職能などを明記させ、非合法の奴隷輸入が行われていないか監視することである。第二に、奴隷の出生率と死亡率を算出し、プランターが奴隷の処遇を改善しているか、またその出生を促しているかを政府が正確に評価することである。スティーヴンは、この登録制によって、プランターが奴隷の状況を改善するために努力せざるをえなくなると期待した。登録は三年ごとに行われた。

一八二〇年まで奴隷制廃止への動きは全般的に鈍かった。これは、経済的不況下で社会改革に対する関心が低下していたからである。しかし、一八二一年になって奴隷制廃止の新たな波が訪れようとしていた。この年、リヴァプールでジェームズ・クラッパーを指導者とする反奴隷制協会が結成された。彼はクウェイカー教徒で、東インド産の砂糖取引で主導的な役割を果たしていた商人である。

クラッパーは、反奴隷制運動のための中央組織の必要性を痛感していた。一方、ウィルバーフォース、スティーヴン、マコーリーらも、奴隷の漸進的解放のための新たな組織が必要であると考えはじめていた。こうして一八二三年一月三一日、ロンドンで反奴隷制協会（正式名称は「英領植民地の奴隷制の状態改善とその漸進的廃止を求める協会」）が全国組織として結成された。

この組織には、奴隷貿易廃止に尽力したオールドメンバーも参加していたが、主導したのは次世代の人々である。第3章で触れたアフリカ協会の多くのメンバーも参加した。名誉会長にはグロースター卿を戴き、副会長二六人のなかには、監獄改革で名を馳せたスティーヴン・ルシントンやクウェイカー教徒の醸造業者であったトマス・ファウェル・バクストンら下院議員一五人、上院議員二人も含まれていた。上院ではサフィールド卿が指導的なスポークスマンとして活動した。メンバーに、クラパム派とクウェイカー教徒が多かったのは奴隷貿易廃止運動の場合と同じであるが、組織の規模は当初から奴隷貿易廃止運動と比べものにならないくらい大きかった。

この協会の具体的な課題をみると、日曜労働の禁止、宗教教育の推進、結婚の合法化、奴隷自身の所有権の承認、法廷での奴隷の証言の承認、女性奴隷から生まれた子どもの解放など、多岐にわたっていた。一八二四年六月に開かれた最初の年次総会では、イギリス各地に二二〇もの支部が結成されたこと、また、奴隷の処遇改善および漸進的奴隷制廃止のための議会請願が八二五件にのぼっていることなどが報告された。

議会では、一八二三年五月にバクストンが下院で協会設立の意図を説明し、奴隷制がイギリスの政体およびキリスト教の原則と相容れないこと、新生児奴隷を解放し、関係当事者相互の利害に充分配慮して奴隷制を漸進的に廃止すべきであることを主張した。この発言は、プランターなど西インドの利害関係者の不安を多少とも緩和することになった。なぜなら、プランターたちに一定の配慮が必要であるとの文言が含まれていたし、奴隷制廃止の時期についてはあいまいなままであったからである。

ただし、プランターのなかには奴隷制廃止そのものに真っ向から反対する者もおり、彼らは奴隷所有者として、その所有権が侵害されることに反対した。ある者は、黒人が「劣等な人種」であり、従属的な地位につくために生まれてきた、という昔ながらの見解に固執した。

ガイアナでの奴隷叛乱

では、奴隷の労働・生活状態は、反奴隷制協会が期待していたように改善したのであろうか。いくつかの指標をみてみよう。

英領西インド全体の砂糖生産量は、一八一五年の一六万八〇〇〇トンから一八二八年の二一万三〇〇〇トンに増加した。ただし、島・地域ごとに増減の幅は異なっていて、ジャマイカは八万トンから六万八〇〇〇トンに減少しているのに対して、ガイアナは一万七〇〇〇トンから五万六〇〇〇トンへと三倍以上に増加している。いっぽう、奴隷人口は全体で一八一五年の七四万三〇〇〇人から一八二八年の六九万六〇〇〇人へとやや減少しているうえ、実際に働ける奴隷は大きく減少していた。出生率が停滞し、年齢構成が全般的に高齢化傾向をみせていたかっていた。

らである。

植民地ごとに異なっているものの、奴隷の労働条件は奴隷貿易廃止以降も全般的に厳しくなっていた。

たとえば、一八二五年六月から反奴隷制協会によって発行された機関紙『反奴隷制月例報告』の同年一〇月号には、ガイアナのプランテーションで働くサムという奴隷が登場し、一八二〇年八月頃の状況を伝えている。彼は、毎日の仕事が増え、与えられた仕事がこなせなくなり、この前の休みのあと仕事の遅れを取り戻すために非常にきつい労働をさせられた、と証言している。彼の妻も、女主人の家に六日間監禁され仕事をさせられた、と訴えている。先に述べたように、ガイアナでは砂糖生産量が大幅に増加しているのに対して、奴隷人口は同時期に一〇万四〇〇〇人から九万四〇〇〇人にやや減少しているのである。

一八二三年八月、ガイアナのデメララ川東岸地域で奴隷叛乱が起きたのは、こうした状況下だった。プランテーションで働く奴隷約二〇〇〇人が、より良い労働・生活条件を求めて管理人や植民地当局に詰めよったのである。この叛乱は、同年一月の反奴隷制協会の設立に続いて本国政府が奴隷の状態を改善する方策を提案した、というニュースが当地に伝わったことによって鼓舞された。ハイチ革命において、フランス本国の奴隷制廃止の報がトゥサンら蜂起した黒人たちに影響を与えたように、大西洋をまたいでさまざまな情報が行き来していたのである。

決起した奴隷たちの要求は、日曜日以外に自分たちの菜園を耕す追加的な休日を三日間設けることに集約されていた。ガイアナではプランターから奴隷に菜園が与えられ、奴隷は自家消費のための野菜栽培や畜産を行い、余った食糧は日曜市で売られていた。これによってプランターは奴隷に食糧を配る必要がなくなり、他方、奴隷はプランテーションでの労働以外に自身の利益になる労働に励むことによって、ささやかながらも自主性をとりもどしていた。この制度は、ガイアナ以外でもジャマイカなどで取り入れられていた。

しかし植民地当局が奴隷たちの要求を受け入れるはずもなく、結局のところ武力でもって鎮圧された。戦闘で一〇〇～一五〇人の奴隷が命を失ったといわれている。裁判では七二人が起訴され、このうち五二人が死刑になり、一六人が鞭打ち一〇〇〇回の刑を受けた。

ガイアナの奴隷叛乱に関して本国でとくに注目を集めたのは、七年前から当地で布教活動を展開していたジョン・スミスという牧師であった。ロンドン伝道協会(国教会系)から派遣されたスミスは、キリスト教の福音を説くことによって奴隷たちを改宗させようとしていた。彼は、自身の第一の仕事

図 4-1　ガイアナの叛乱(Joshua Bryant, *Account of an Insurrection of the Negro Slaves in the Colony of Demerara*, 1824 より)

が貧しい奴隷と共にあることだと教えられていた。彼は誠実に仕事をおしすすめたが、奴隷たちと接するうちその貧困、過重労働、虐待などに衝撃を受けるようになった。

そして、スミスは奴隷叛乱に巻きこまれた。彼の牧師補で奴隷であったカミーナ・グラッドストンが叛乱の指導者だったからである。スミスは奴隷たちを叛乱に駆り立てたとして、牢獄につながれ、死刑を宣告された。国王ジョージ四世はスミスの死刑を執行猶予にする書面にサインをしたが、それがガイアナに着く前に、彼は熱病のため死亡した。

スミスの死は、新聞紙上でも報じられ、奴隷制の残忍性によってもたらされたものとされた。彼はガイアナの殉教者として持ち上げられ、イギリス本国の人々の関心を呼びおこした。

即時廃止への転換

一八二〇年代半ば、スミスの死が伝えられ、また各植民地議会が奴隷状態の改善に対する妨害工作を行っていることが明らかになると、反奴隷制運動が大衆的な高揚をみせはじめた。一七八〇年代および九〇年代の奴隷貿易廃止運動と同様に、さまざまな小冊子や新聞記事などを使って奴隷制反対のキャンペーンが繰り広げられたのである。一八二三―三一年に反奴隷制協会は、小冊子を総計約二八〇万部発行したとされ、その結果、一八二八―三〇年には漸進的な奴隷制廃止を要求する請願署名簿を約五〇〇〇件、議会に送った。

たとえば、一八二四年に発行された『奴隷制反対』という小冊子では、英領西インドには八〇万人もの同胞が野蛮で恥ずべき奴隷制の抑圧のもとで苦しんでいること、奴隷には賃金が与えられず、心身を養うための食糧も充分与えられず、監督によって日常的に虐待が繰り返されていることが、読者の心に響くように叙述されていた。

そのなかでもっとも人々の心に突き刺さったのは、西インド産の砂糖を購入し消費することが、奴隷たちの日常的な苦悶と直接関連しているという語りである。すなわち、この国の住民の一〇分の一が砂糖消費をやめたならば、八〇万の抑圧された人々が自由になれるのではないか、と問いかけた。これは奴隷貿易廃止のための砂糖不買運動で使われた語りと同じものであった。

ところで、この時期の大衆運動では、大きな変化が生じていた。ひとつは、漸進的奴隷制廃止ではなく、即時奴隷制廃止の動きが活発になってきたこと、もうひとつは、多くの女性が運動に参加し、しかも重要な役割を果たしつつあったことである。

即時廃止を提起した小冊子のなかで重要なのは、一八二四年に発行された『漸進的廃止ではなく即時廃止を』である(図4-2)。著者はクウェイカー教徒のエリザベス・ヘイリックだとされている。

この小冊子ではまず、われわれすべてが奴隷制を支え存続させていることにより、われわれには罪がある、と宣言している。すなわち、西インドのプランターとこの国の住民は、品物を盗んだ泥棒であり、その受領者であるという点で、お互いに同じ道徳的関係にあるという。奴隷の生産物を購入することによって、すべての不法と略奪と悲惨に刺激を与えているのだ、と。「イギリス国民ひとりひとりが奴隷制を支えているという現実と向き合い、それを廃止に追いこむべきである」と訴えた。

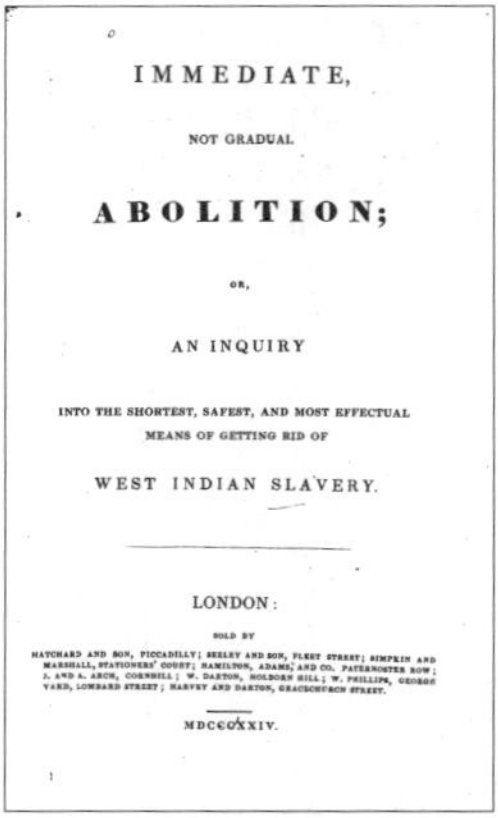
IMMEDIATE,
NOT GRADUAL
ABOLITION;
OR,
AN INQUIRY
INTO THE SHORTEST, SAFEST, AND MOST EFFECTUAL MEANS OF GETTING RID OF
WEST INDIAN SLAVERY.
LONDON:
SOLD BY
MDCCCXXIV.

図 4-2 小冊子『漸進的廃止ではなく即時廃止を』(1824 年)

さらにこの小冊子で特筆すべきは、次のような主張である。イギリスでは奴隷制に反対する請願に、あまりにも多くの時間が浪費された。今や別の、手っ取り早くて効果的な方法に訴える時期が来ているのだといい、その根拠としてハイチの奴隷解放の例をあげている。ハイチの奴隷解放およびそれ以降の歴史は、即時廃止の構想を巧妙にはねつけてきた議論を完全に論駁するものである。ハイチの五〇万人以上の奴隷は突然解放されたのであるが、悪い行為の例を見ないし、仕事を拒否することもなかった。また、過去の不当な扱いに対する報復や虐殺も起こらなかった。即時廃止は実行可能であるだけでなく、危険をともなうものでもないのだ、と。

声をあげた女性たち

奴隷制即時廃止への呼びかけが始まるのと同時期に、女性たちが運動に参加しはじめた。一八二五年四月八日、バーミンガムの国教会福音主義派牧師の妻であったルーシー・タウンゼントの家で、反奴隷制女性協会がうぶ声をあげた。この協会の設立にはクラークソンがかかわっていた。クラークソンは、一八二三年から翌年にかけてイングランドとウェールズの各地を駆けまわり、反奴隷制の組織をつくろうとしていた。彼はタウンゼントを励まし、またバーミンガムのクウェイカー教徒サミュエル・ロイドを紹介し、その妻メアリーも協会設立に加わった。

バーミンガムの女性組織は、その後一年のあいだにイングランド中部を中心とする各地区の女性組織を巻き込み、全国的な女性協会を結成した。設立の決議の第一項には、「不幸なアフリカの子どもたち、とりわけ女性の黒人奴隷の状態を改善する」ことがあげられている。また、第八項には、「鞭が無力な女性奴隷にふりおろされるのが許されなくなるまで、わが同胞が動物のように売買されなくなるまで、すべての黒人女性が自由人として生まれた赤ん坊を胸に抱きかかえられるようになるまで、活動を続ける」と宣言されている。

一八二九年までに、組織は、ブリストル、プリマス、マンチェスター、ダブリンなどに広がっていった。この協会は、反奴隷制協会の支部組織(男性組織)のない多くの町でも組織されたことから、反奴隷制協会の支部というよりも独自の組織といった方がよいであろう。もちろん反奴隷制協会の目的と重なる部分が多かったので、運動面では連携していた。女性協会の影響力は、ウェールズやアイルランドだけでなく、喜望峰、シエラ・レオネ、カルカッタなどにも広がった。

イギリスでは、監獄改革や動物愛護などの改革運動でも女性の主体的参加があったとされているが、すでに述べた砂糖不買運動で示されたように、アボリショニズムにはこれらと比較できないほど広範で主体的な女性の参加がみられたのである。

エージェンシー・コミティー

反奴隷制協会内部にはウィルバーフォースのように漸進的廃止に固執する古参のアボリショニストらがいたが、時代の趨勢は即時廃止に向かっていた。一八二八年、協会は議会外でのキャンペーンを推進することを決めた。これに最初に呼応したのは、上述のバーミンガムの女性組織であった。バーミンガム・グループは、移動弁士を各地に派遣して奴隷制廃止に対する地方大衆の関心を高め、地方組織を活性化する、あるいは新たに組織をつくる計画を立て、実行した。

一八三一年六月には反奴隷制協会が、このバーミンガム・グループの動きに触発されエージエンシー・コミティーを組織し、移動弁士を選び、各地に派遣した。彼らは、イギリス各地で集会を開いて植民地奴隷制の実態を具体的に説明し、奴隷制廃止の必然性を力説した。

いくつかの例をあげておこう。一八三一年一〇月二四日夜、イギリス中部、バルドックの集会場で行われた講演では、満員で入りきれなかった人が二〇〇人もいたという。翌二五日のカンタベリーでの集会には三〇〇人が参加した。この集会では移動弁士以外に五人が演壇に立ち、一六ポンド以上の寄付を集め、市長を会長とする反奴隷制組織が結成された。翌年一月一二日、リンカンシャーのフォーキンガムでは、住民が八〇〇人しかいないにもかかわらず集会に一五〇人も集まった。その多くが女性であったという。このように熱気に包まれた集会が各地で催された。

エージェンシー・コミティーを財政的に支えていたのは、著名なクウェイカー教徒および各地の女性組織であった。クウェイカー教徒として奴隷貿易廃止運動のときから参加していたウエッジウッド家やクロッパー家などの名前が寄付者リストにあがっており、反奴隷制の女性組織としては、ロンドン、マンチェスター、プリマス、ノッティンガム、ダーラムなど一三組織からの寄付が記されている。

このエージェンシー・コミティーを動かしていたのは、ラジカルなアボリショニストであった。彼ら・彼女らは、漸進的廃止を擁護してきた人々の特徴である引き延ばし策や待機戦術に飽き飽きしていた。また上述したように、実際に英領西インドにおける奴隷の状態は改善するどころか、むしろ悪化していたのである。

エージェンシー・コミティーは、長らく続いてきた漸進的奴隷制廃止の戦術から即時奴隷解放戦術への転換で重要な役割を果たした。即時解放へと人々を突き動かしたのは、奴隷制がキリスト教の教義に反する重大な罪であるという意識であった。人が良心に従って安寧に生きるためには、罪を即時に清めることが必要である。こうしたキリスト教的義務感は、すでに述べたヘイリックの小冊子のなかで展開されていたものであった。

ジャマイカの奴隷叛乱

イギリスにおける奴隷制廃止を決定的にしたもうひとつの要因は、一八三一年のジャマイカにおける奴隷叛乱である。

この島は一六五五年、クロムウェルの時代にイギリスの植民地となり、一八世紀には英領西インド最大の砂糖植民地となった。一八三二年の奴隷人口は約三一万八〇〇〇人であった。一八一七年には三四万四〇〇〇人であったので、ここでもやはり奴隷人口が徐々に減少していたことがわかる。

この蜂起では、ジャマイカ西部のセント・ジェームズ教区を中心にハノーヴァー教区、ウェストモーランド教区、トレローニー教区、セント・エリザベス教区を含む広範な地域で最終的に約六万人の奴隷が立ち上がったとされる(図4-3)。これは、ジャマイカ全体からみれば、面積の点でも奴隷人口の点でも二割弱にあたる。叛乱のなかで、またその結果として死亡した奴隷は五四〇人で、白人も一四人が死亡している。すでに述べたガイアナの奴隷叛乱と比べても、桁違いに大きな叛乱であった。

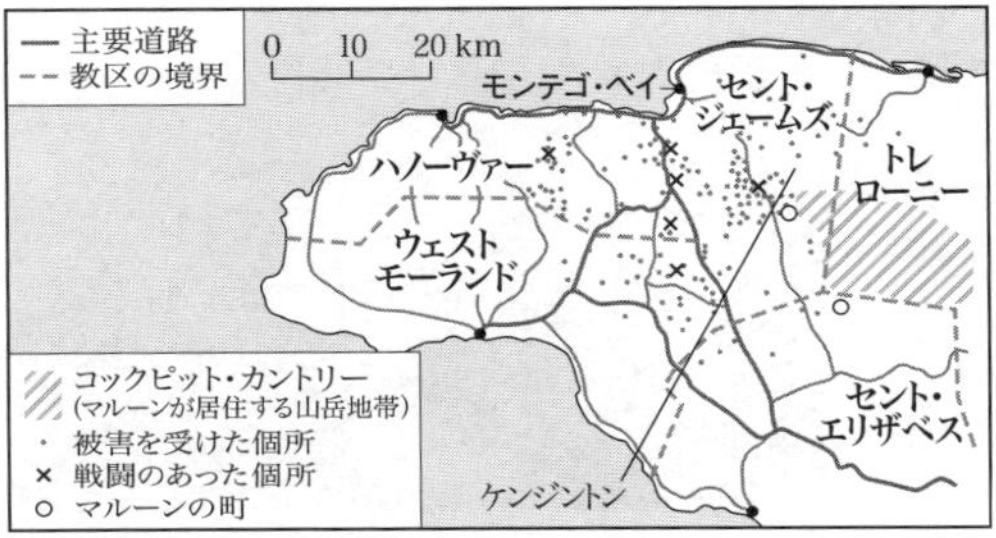

図 4-3　ジャマイカの奴隷叛乱(1831-32 年. Michael Craton, *Testing the Chains*, map 17 に基づき作成)

　この奴隷叛乱は、「クリスマス叛乱」あるいは「バプティスト戦争」とも呼ばれた。それは、一八三一年のクリスマスに蜂起が始まったからであり、また、叛乱を起こした奴隷の多くが現地のバプティスト教会の影響下にあったからである。したがって、叛乱鎮圧後、ジャマイカのバプティスト教会の牧師たちは叛乱の責任を問われることになる。しかし他方で彼らは、イギリスに帰国後、現地の状況を生々しく伝えるスポークスマンとして、奴隷制廃止の世論を喚起するうえで重要な貢献をした。

一八二〇年代、ジャマイカの砂糖プランテーションは

図4-4　ジャマイカのプランテーション風景(1820–21年頃. James Hakewill, *A Picturesque Tour of the Island of Jamaica*, 1825より)

全般的に衰退傾向にあり、とくに西部地域でそれが顕著であった。トレローニー教区では、一八二八—三三年に農園の三分の一が売却されたり、砂糖生産を停止したりした。セント・ジェームズ教区やハノーヴァー教区でも同様であった。生き残ったプランテーションでは、国際的な砂糖価格の低下に逆らって利益を確保しようとして、土地と奴隷を酷使した。ジャマイカでも、奴隷の状態は改善どころか悪化したといえる。

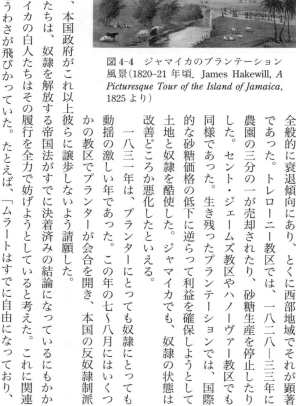

一八三一年は、プランターにとっても奴隷にとっても動揺の激しい年であった。この年の七〜八月にはいくつかの教区でプランターが会合を開き、本国の反奴隷制派の動きを非難し、本国政府がこれ以上彼らに譲歩しないよう請願した。

いっぽう奴隷たちは、奴隷を解放する帝国法がすでに決着済みの結論になっているにもかかわらず、ジャマイカの白人たちはその履行を全力で妨げようとしていると考えた。これに関連してさまざまなうわさが飛びかっていた。たとえば、「ムラートはすでに自由になっており、黒人もすぐに自由になる」「自由はすでに来ているが、留保されている」「解放は闘わなければやってこない」「帝国陸軍や海軍は奴隷とは戦わない、むしろ奴隷を守ってくれる」などである。

蜂起を指導するグループの秘密会合はすでに一八三一年四月にもたれていた。一〇月までに幹部組織が形成され、リトリーヴ農園のジョンソンという奴隷の家で定期的に会合がもたれた。やがてジョンソン、ヨーク農園の大工であったキャンベル、グリーンウィッチ農園の御者であったロバート・ガードナー、ベルヴェデーレ農園のトマス・ダヴの四人が指揮官に選ばれた。

そして彼らを統括する指導者は、サミュエル・シャープであった。彼は、バプティスト教会の牧師トマス・バーチェルの牧師補としてモンテゴ・ベイとセント・ジェームズ教区のあいだを自由に行き来していた。ダディというあだ名からわかるように、地域の奴隷たちから信頼されるカリスマ的な人物であった。

クリスマスの日、幹部の一人ジョージ・ガスリーの家で、夕食をはさんで最後の会合がもたれた。シャープは、クリスマス休暇以降、奴隷は仕事を放棄しプランターに解放の要求を突きつけ、武力に訴えるのを差し控えるよう指令した。すなわち、平和的なストライキを敢行しようとしたのである。

しかし、現実はこれを超えて進行した。奴隷たちの一部は銃やピストルを奪い、プランターの家に放火した。奴隷叛乱の狼煙《のろし》は、モンテゴ・ベイから一〇マイル南のケンジントン農園への放火から始まった。奴隷たちはさらに周囲の山や林に火をつけ、一週間のうちに西部地域のほとんどを支配下においた。

これに対してジャマイカの白人たちからなる民兵組織は、遅ればせながら戦いの準備をした。ベルモア総督は、各教区の民兵組織に警戒態勢をとらせ、軍評議会を招集した。一八三二年一月一日に植民地政府はジャマイカ全体に戒厳令を布告した。本国から派遣されたウィロビー・コトン司令官は、八四連隊を率いて一月一日にモンテゴ・ベイに入り、奴隷たちに向かって投降するように宣告した。また、軍隊の一部を南西部にまわし、奴隷たちを挟み撃ちにしようとした。

コトン司令官はその後二週間をかけて北西部の叛乱地域を駆けまわったが、戦いはゲリラ戦の様相を呈してきた。ジャマイカはすでに述べたようにマルーンの島であり、各地に隠れ場所があった。それでも一月二四日にはヴァージン渓谷へ叛乱者たちが追いこまれ、一四六人の奴隷が投降した。この間すでに叛乱側の指揮官のジョンソンとキャンベルは死亡し、一月二七日にはガードナーとダヴが降伏した。このときまでに総司令官のシャープも軍隊によって拘束されていた。こうして二月五日までに戒厳令は解除され、叛乱は終結した。

叛乱による損害がもっとも甚大だったのは、セント・ジェームズ教区とハノーヴァー教区であった。一八三二年五月までに軍事法廷および市民法廷が開かれ、その結果、起訴された者が六二七人、このうち三四四人が死刑を執行された。その大部分は男性で、女性は七五人が起訴されたが、死刑になったのは二人であった。

ジャマイカの奴隷叛乱のニュースはすぐさまイギリス本国に伝わった。不在地主のプランターは、叛乱の原因は現地の非国教会系とくにバプティスト派の牧師の叛乱への関与と反奴隷制陣営に譲歩した政府にあると非難した。バプティスト派の牧師、バーチェルとウィリアム・ニブは一八三二年四月に帰国した。ニブは下院特別委員会で証言し、その後各地の集会でも演説した。そのなかで奴隷制が諸悪の根源であることを力説し、プランターあるいはその代理人が奴隷に対して残虐な行為をしていたことを暴露した。イギリスの大衆にとって、ニブたちは叛乱の犠牲者であるように思われた。

奴隷叛乱の指導者シャープは、五月二三日に死刑が執行された。彼は死ぬ前に、「白人はもはや黒人を奴隷制に閉じ込めておく権利をもたない、私は奴隷として生きるよりもあの絞首台のうえで死ぬ方を選ぶ」と語った。彼の最後の言葉は、隷属の悪に反抗したすべての奴隷たちの気高く感動的な墓碑銘として残された。

奴隷制廃止

イギリスの政治的状況は、ちょうどこの時期に劇的に変化した。イギリスの「アンシャン・

レジーム」ともいうべき制度であった審査法(一六七三年制定)が一八二八年に廃止され、翌年にはカトリック解放法が制定された。これによって国教徒以外でも公職に就くことや議員になることが可能になり、また、アイルランドのカトリック教徒にプロテスタントと同等の市民権が与えられることになった。

一八三〇年の総選挙では約半世紀ぶりに、議会改革に熱心なホイッグ党政権が誕生した。同政権のもとで一八三二年六月に改正選挙法が成立し、これによって奴隷制廃止に賛成する勢力が優勢な中産階級に選挙権が与えられることになった。

そして、改正選挙法後の最初の選挙が同年九月に行われた。選挙民の数は、以前の四〇万~五〇万人から六〇万~八〇万人へと約一・五倍に増加していた。当時の成人男性の七分の一程度が選挙権をもっていたことになる。反奴隷制協会の選挙キャンペーンでは、奴隷制の即時廃止を支持する候補者に投票するように呼びかけた。結果的に、即時廃止を支持した一〇四人の候補者が下院に当選した。これによって奴隷制廃止法の成立が議会のなかで最優先の課題になった。

アボリショニストたちは以降、さらに人々のあいだで支持を拡大させた。数千人が参加する集会が各地で開かれた。グラスゴーの反奴隷制女性協会主催の集会には、一八〇〇人もの女性が参加した。一八三三年初めには五〇〇〇件以上の奴隷制即時廃止のための請願署名が議会に提出され、署名者は一五〇万人にのぼった。

クライマックスは、同年四月にロンドンのエクセター・ホールで開かれた反奴隷制協会の大会である。大会では、いまや奴隷制廃止は必要不可欠であると力強く決議され、決議は首相と植民地大臣に送付された。その後もメソジスト派が一九〇〇件もの請願署名を集め、また、他の非国教会系の宗派も八〇〇件の署名を集めた。

こうした動きを受けて政府は、奴隷制廃止法制定のための議論を一八三三年五月から開始した。廃止の方向性ははっきりしていたものの、プランター側の利害にも配慮せざるをえなかった。大きな争点になったのは、奴隷制廃止後の奴隷の身分についてであった。ラジカルなアボリショニストたちは奴隷の即時完全解放を求めたが、プランテーションにおける労働の継続を求めたプランターは「年季奉公人制」を主張した。これはもともとイギリスにあった制度で、それを準用して年季のあいだは元の奴隷主のもとで一定時間働くというものであった。

結局、後者の意見が採用され、奉公人の年季については、野外奴隷は六年、家内奴隷は四年と定められた。すなわち、奴隷は解放されたあと年季奉公人となり、元のプランターのもとで週四五時間働かなければならなくなったのである。それ以上働いた場合には超過分に対して賃金が支払われ、年季が終了すれば完全に解放されると規定された。

もうひとつの大きな争点は、奴隷制廃止によるプランターの損失をいかに補填するかであった。奴隷が「動産」である以上、その所有権が失われる際には奴隷の価値を補償すべきであるとする議論である。ここでもラジカル派は全面的に反対した。しかし、プランターの利害が考慮され、総額二〇〇〇万ポンドの補償金を政府が支払うことになった。

こうして、奴隷制廃止法は一八三三年七月三一日に成立した。英領西インドとモーリシャスの奴隷制廃止が施行されたのは一年後の一八三四年八月一日で、この結果、英領西インドだけで約六六万七〇〇〇人の奴隷が解放された。ただし、解放を祝う行事は一切なかったといわれている。

奉公人制廃止へ

年季奉公人制は、奴隷が解放されて自由になってしまうと彼らの生活が成り立たなくなるという懸念から導入されたというより、プランターがプランテーションを維持するうえで元奴隷の労働が必要不可欠であったために導入されたといえる。年季奉公人となった彼ら・彼女らは、解放されたにもかかわらず元の奴隷主のもとで働かなければならないことに不満をもっていた。奴隷制が廃止されれば、自分や家族のために思う存分仕事ができると期待していたからである。

他方プランターは、奴隷制時代と同様に奉公人たちを無制限に使役できることを願っていて、週四五時間を超えた分について賃金を支払わなければならないことに我慢ならなかった。奉公人とプランターとのあいだには、大きな思惑の違いがあったのである。

しかし結局のところ、プランターが圧倒的な支配力を握っていた。というのも、各植民地では奉公人とプランターのあいだに大小さまざまな紛争が生じ、それを調停するために本国から有給判事が派遣されたが、彼らはほとんどプランター側に有利な判決を下したからである。

年季奉公人制を法律通りに実施するうえで有給判事の役割は重要であったが、その仕事は月に五〇〇〜六〇〇件もの苦情を処理しなければならないという、過酷なものであった。激務のなかで孤立感にさいなまれた有給判事たちの多くは、必然的にプランターあるいはその代理人に従属していったのである。もちろん、意識的に奉公人の立場に立とうとした判事もいたが、少数派であり、種々の侮辱を受け、攻撃された。

したがって、年季奉公人制の実態は、一言でいえば「偽装された奴隷制」にほかならなかったのである。年季という制限はあったものの、労働実態は奴隷制下と変わらなかった。あるいは、ジャマイカに派遣されたある有給判事が報告したように、奉公人の状態は奴隷制のときより三倍悪くなっていることさえあった。また、奴隷制廃止後再びジャマイカに戻っていたバプティスト派牧師のニブは、奉公人たちがいまだに容赦なく鞭で打たれ、幼い子どもたちもプランテーションで労働させられている、との報告を本国に送っている。

そこで、反奴隷制協会の流れをくむいくつかの組織が連携して、この年季奉公人制に反対する全国集会が一八三五年五月にエクセター・ホールで開かれた。さらに同年一〇月には、バーミンガムで年季奉公人制を廃止するための集会が開催された。これを主導したのは、クウェイカー教徒の商人であったジョゼフ・スタージであった。この集会には女性たちも多く参加した。

年季奉公人制に反対するスタージらは、一八三六年一〇月、英領西インドの実態を調査するため現地に向かった。彼らは二手に分かれて、バルバドス、アンティグア、ガイアナ、モントセラト、ドミニカ、ジャマイカなどをまわった。帰国してまとめられたのが、スタージとトマス・ハーヴェイによる『一八三七年の西インド』(一八三八年)である。同書には、奉公人に対する虐待の様子、有給判事の大部分がプランター側についていること、反抗的な奉公人に対しては有罪が宣告され、監獄に収容されていることなどが詳細に記されていた。

図 4-5 エクセター・ホールでの反奴隷制集会(1841 年頃の版画. アメリカ議会図書館). 同ホールでは奴隷制反対の集会がしばしば開かれ, アボリショニズムを象徴する場となっていた

これと並行して一八三七年一一月初め頃までに反奉公人制の運動が活発化した。エクセター・ホールで再び大きな集会が開催され、英領西インドにおける奉公人の実態が明らかにされ、

奉公人制に対する批判の決議が採択された。また、新たに黒人解放中央委員会が結成され、イギリス各地で集会が開かれたのち、翌年三月一四日にはエクセター・ホールにおいて約五〇〇〇人が参加する大集会が開かれた。議長をつとめたブルーム卿は、「黒人の利益だけをみなければならない。ただ黒人の利益だけを！」と訴えた。年季奉公人制廃止のための請願署名も各地で集められ、三月末までにその数は約二五〇〇件にのぼった。

一八三八年五月二二日、ジョン・ウィルモトは、年季奉公人制は野外労働者を含めて一八三八年八月一日をもって終了する、という決議を下院に提案し、議論が素早く行われ、採択された。ただし、最終的に年季奉公人制を廃止したのは各植民地議会の決議であった。トリニダード、ガイアナ、ジャマイカでは強い抵抗があったものの、モントセラト議会を皮切りに各植民地で決議が続いた。そして、一八三八年八月一日をもって奉公人制は廃止されたのである。

南北アメリカの奴隷制廃止

こうして、イギリス国内でのアボリショニストたちの努力と、なにより奴隷たち自身の苦闘によって、一九世紀に奴隷制は廃止されていった。本節の最後に、大西洋史全体のなかでこの動きを概観してみよう。

仏領西インドへの奴隷貿易は、一八三〇年代初めまで非合法で続けられていた。イギリス海軍は、一八一七―三一年に一〇八隻のフランスの奴隷船を拿捕している。しかしこれ以降、仏領西インドへの奴隷貿易はイギリス海軍の圧力のもとで実質的に消滅した。仏領西インドのなかでも奴隷制プランテーションが残っていたのは、主としてグアドループとマルティニークである。一八四八年の時点で、奴隷人口が前者は八万八〇〇〇人、後者は七万六五〇〇人であった。自由人の人口は一八三八年の時点で前者が三万五〇〇〇人、後者が四万人強であった。

フランス領のなかでは、ハイチはすでに述べたように一八〇四年に独立し、奴隷制も廃止されている。フランスのアボリショニストたちは奴隷制の漸進的廃止を訴える小冊子を一八二九年に発行し、その後一八三四年に奴隷制廃止協会を正式に結成した。これらは明らかにイギリスの奴隷制廃止に動かされた結果である。この協会はギゾーなどの政治家の支持を得たが、幅広い大衆にアピールすることはなかった。『アメリカの民主政治』を著したトクヴィルも協会の支持者で、イギリスと同じように一億五〇〇〇万フランの補償金を拠出し、六年の年季奉公のあと奴隷を解放するという提案をしているが、政府はこれを実行に移そうとはしなかった。

一八四〇年前後に廃止協会は、ヴィクトル・ユゴーやルイ・ブラン、ラマルティーヌなどをメンバーに加え、その後奴隷制即時廃止のための議会請願運動を展開した。同じ時期、制限選挙制を撤廃しようとする選挙法改革運動が高揚していたが、その実現を拒んだ国王ルイ・フィリップは民衆の怒りを買い、一八四八年二月に退位してロンドンに亡命、臨時共和政府が組織された（二月革命）。

この革命政権のもとで、四月二七日に奴隷制廃止の法令が承認され、五月二日に発布された。マルティニークのプランテーションの奴隷たちは、四月末にはサン・ピエールなどの町に流れ込んでいたという。植民地政府はこの動きを抑えようとしたが、五月二二日にはいくつかの衝突が起こった。この衝突のニュースはグアドループに伝わり、植民地政府は衝突を避けるため、五月二七日に無条件の奴隷制廃止を宣告した。

マルティニークでの叛乱のニュースは、カリブ海全体に影響を与えた。スペイン領キューバの総督は、このニュースが流れないようにしたが、オランダ領小アンティル諸島のシント・マールテンやシント・ユースタティウスなどの総督はニュース流入を防ぐことができなかった。こうした島々では、奴隷たちは太鼓をたたき、ほら貝を吹き、叛乱を歓迎したという。デンマーク領のセント・クロイ島でも、約二万五〇〇〇人いた奴隷のあいだでこれに呼応する動きがあった。デンマークでは一八〇二年に奴隷貿易は廃止されていたが、奴隷制が廃止されたのは一八四八年九月のことである。

こうしてカリブ海の各地で一八四八年までに奴隷制はほぼ崩壊した。残っていたのはスペイン領のキューバとプエルト・リコであった。プエルト・リコで奴隷制が廃止されたのは一八七三年である。

南アメリカのスペイン領アメリカの各地では一八一〇年代から二〇年代にかけて独立を達成していたが、奴隷制は残っていた。コロンビアで奴隷制が完全に廃止されたのは一八五一年のことである。その後二、三年のあいだにアルゼンチン、ベネズエラ、ペルー、エクアドル、ボリビアで奴隷制は廃止された。こうして、カリブ海諸島を含む南北アメリカで一八六〇年の時点で奴隷制が残っていたのは、アメリカ合衆国、キューバ、ブラジル、それにオランダ領スリナムである。スリナムで奴隷制が廃止されたのは一八六三年である。合衆国の奴隷制廃止が、大西洋全体のなかでは遅かったことに注意しておきたい。

北アメリカでは植民地時代以来、ヴァージニアのタバコプランテーション、サウスカロライナやジョージアの米・藍プランテーションで多くの奴隷を使役し、また、奴隷の一部は北部にも広がっていた。しかし独立以降、一七八七年の北西部条例により北部の州では奴隷制が廃止され、南部でも奴隷制は衰退の傾向にあった。

しかし、ここで新たなステイプル(基幹商品)が登場した。綿花である。一七九三年にホイットニーが綿繰り機(コットン・ジン)を発明したことによって、サウスカロライナ、ジョージア、ミシシッピなどのローワー・サウス地域で綿花プランテーションが急速に拡大した。

新たな奴隷需要を満たすため、ヴァージニアなどから約七〇万人の奴隷が綿花プランテーションに移住させられたといわれている。また奴隷価格の高騰を背景に、奴隷を生み育て、綿作地帯に売りさばく一種の「奴隷牧場」も興隆した。こうして生産された綿花の大部分はイギリスに輸出され、綿工業の発展を支え、産業革命の原動力になったのである。

南北戦争（一八六一―六五年）前の合衆国の奴隷人口は、およそ四〇〇万人と見積もられている。アボリショニズムは合衆国でも活発で、とりわけ一八三〇年代以降は、ヴァージニアでナット・ターナーが率いた奴隷叛乱（一八三一年）、奴隷制即時廃止を掲げるウィリアム・ギャリソンによるアメリカ反奴隷制協会の設立（一八三三年）、逃亡奴隷で自らアボリショニストとして活動したフレデリック・ダグラスなど、反奴隷制をめぐる動きは加速していた。

図4-6　ヴァージニア州アレクサンドリアの奴隷商（1861-65年．アメリカ議会図書館）．南北戦争中に北軍に接収された

ただし、奴隷解放は当初南北戦争の争点では必ずしもなかった。重要だったのは合衆国の連邦体制を維持することである。リンカン大統領は戦争中の一八六二年八月、「私の最大の目的は、連邦を救うことである。奴隷制を保持するか廃止するかは喫緊の課題ではない」と述べている。ただし彼は、奴隷制は道徳的に誤りであるという信念は大統領就任以前から抱いていた。

一八六三年一月、リンカンが奴隷解放を宣言したのは、南部連合を孤立させるための戦略の一環であった。北軍の連邦諸州の目的に、連邦の維持だけでなく、奴隷解放も付け加わったのである。これによって南部連合は動揺し、国際的にも孤立してゆく。戦争は南北あわせて六〇万人以上の戦死者をだす未曽有の事態となったが、ゲティスバーグの戦い（一八六三年七月）での北軍勝利が転回点となり、経済力にまさる北部連邦諸州が勝利した。北軍には解放奴隷を含む多数の黒人兵も従軍した。戦争終結後の一八六五年四月一五日、リンカンは暗殺されるが、同年一二月、憲法修正第一三条によって合衆国における奴

図 4-7　奴隷解放の日
（上）ノースカロライナ州での北軍黒人兵士による奴隷解放（『ハーパーズ・ウィークリー』1864 年 1 月 23 日号）
（下）「その時を待つ」. 奴隷解放宣言発布の日（1863 年 1 月 1 日）を迎える黒人たち（1863 年のカード. スミソニアン国立アフリカン・アメリカン歴史文化博物館）

隷制廃止が実現したのである。

解放された黒人たちは、形式上は自由となり、移動や結婚の自由を手にいれた。西アフリカのリベリア、西部のニューメキシコやアリゾナ、ネブラスカやカンザスに移住する者もいた。しかし、圧倒的多数は元のプランターのもとで小作人として生計をたてた。一定の農地を与えられ、そこでの綿花の出来高に応じて食糧や生活必需品を購入できた。奴隷から小作人に変わったが、プランターに支配されるのは同じであった。プランターの意識も奴隷制の時代と変わらなかった。

戦後の再建期には、共和党急進派が主導して憲法修正第一四条・第一五条が成立し、黒人を含むすべての人に市民権と投票権(男性のみ)が認められた。さらに一八七五年には公民権法が制定され、合衆国市民はすべて、人種や肌の色に関係なく住居や公共施設、公共交通を平等に利用することができると定められた。

しかし、こうした人種平等の政策に多くの白人が反対した。その結果、合衆国憲法は、特殊な例を除いて個人による行為を命ずる権限を有しておらず、個人の行為に対する規制は結局州政府の権限に属する、とする憲法修正第一〇条の解釈が定着し、黒人差別はさまざまな州法によって合法化された。公民権法は実質的に無力化されてしまったのである。

こうして、南部を中心にいわゆる「ジム・クロウ」という体制が定着した。ジム・クロウとは南北戦争以前に、舞台で白人俳優が顔面を黒く塗りたくり、「ジャンプ・ジム・クロウ」という歌にあわせて踊ったキャラクターが語源である。「無知で愚かな黒人」というステレオタイプのイメージが、この言葉にはつきまとっていた。

ジム・クロウ体制の大きな柱は人種隔離である。具体的には、公立学校、病院、レストラン、路面電車、バスなどで黒人が隔離された。この体制のもうひとつの柱は、識字テストを黒人に課し、州や地方自治体での投票権を実質的に奪ったことである。白人優越思想のもとで黒人を差別し隔離するこの体制は、第二次世界大戦後、一九六四年に公民権法が制定されるまで続く。

次に、キューバの奴隷制廃止については、一八六八年一〇月から始まった第一次独立戦争の過程で浮上した。その独立宣言には、漸進的かつ補償付きの奴隷制廃止の項目が含まれていたのである。ただし、この方式による奴隷制廃止は以前からスペイン政府によって提案されていた。ちなみに、一八六九年の時点でキューバの総人口は約一四〇万人で、そのうち白人が七六万三〇〇〇人、奴隷が三六万三〇〇〇人、解放奴隷が二三万九〇〇〇人、それに中国人の年季契約移民が三万四〇〇〇人を数えた。中国人移民はあとでも触れるように、奴隷労働に代わる新たな労働力として期待されていた。

一八七〇年六月にスペイン政府は、「スペイン領アンティル諸島における奴隷制廃止のための予備法」、通称モレー法を公布した。この法律では新生児と老齢奴隷、スペイン軍に加わる奴隷を解放することとされた。その後一八七八年に第一次独立戦争が終結したが、この戦争に多くの奴隷や解放奴隷が加わり、その結果一八八六年一〇月にはキューバの奴隷制は完全に廃止された。

ブラジルでは一八五〇年に奴隷貿易が禁止され、これ以降新たな奴隷が輸入されることはなくなったが、コーヒー生産は成長を続けていた。これに応えたのが国内の奴隷取引である。ブラジル南東部のコーヒー生産地域に、バイアなどの他地域から奴隷がもたらされた。その規模は、一八五一―八五年に三〇万～四〇万人であったといわれている。

他方で、一九世紀後半には奴隷制廃止への動きも急速に進んだ。そのきっかけになったのがラ・プラタ地域の領土問題に端を発したパラグアイ戦争（一八六四―七〇年）であった。軍事行動を遂行するうえで奴隷制の存在が障害になったのである。奴隷は、アメリカの南北戦争のように兵力にはならなかったからである。こうして一八七一年にはリオ・ブランコ法が成立し、新生児の条件付き解放を規定した。

一八七〇年代末から八〇年代にかけて急進的活動家の運動、また奴隷自身の蜂起や逃亡などの直接行動が起こった。ジョゼ・ド・パトロシニオらの奴隷解放中央協会やジョアキン・ナブコらのブラジル奴隷制反対協会が組織され、各地で反奴隷制運動が高揚した。これに対して政府はサライヴァ・コテジペ法を制定し、六〇歳以上の奴隷を解放した。しかし、これは明らかに奴隷制の延命策であり、激しい非難を浴びた。結局、一八八八年五月に「奴隷制を廃止し、すべての奴隷法を撤廃する」とうたった「黄金法」が制定された。

こうして一八八八年までに、カリブ海諸島を含む南北アメリカ全体で奴隷制が撤廃された。

二　奴隷から移民へ——一九世紀の人流大転換

奴隷労働から年季契約労働へ

話をイギリスに戻そう。奴隷が完全に解放されて以降、英領西インドのプランテーション経済は全体的にかなり落ち込んだ。砂糖生産は、一八二四—三三年と一八三九—四六年を比較すると、後者で約三六％減少した。たとえば、ジャマイカのプランターの半分は賃労働制に転換したが、残りの半分は生産を取りやめたといわれている。

解放直後、元奴隷たちの多くはプランテーションから離れ、自給的な生活に入っていった。自活できず元のプランテーションに戻った者もいたが、数エーカー程度の小土地所有者の数はジャマイカだけでなく西インド全体で徐々に増えていった。ジャマイカではこうした人々の数は、一八四五年には約二万七〇〇〇人に、一八六一年には五万人程度に増えている。またガイアナでは、一八五一年に一万一〇〇〇の小さな農場に約四万人の自由黒人が暮らしていたと報告されている。

こうしてプランテーション経済を支える、黒人奴隷に代わる新たな労働力が必要になった。労働力確保の試みは一八三〇年代末から始まり、フランスやドイツの貧しい労働者がトリニダードやジャマイカに導入されたが、プランテーションでの労働を嫌い、逃げ出してしまった。また、マデイラ諸島からポルトガル人が三万人ほどガイアナに渡ってきたが、熱帯の病気で死亡する者や、プランテーションから離れて小売業などに就く者も多かった。これ以外にも、自由黒人の人口が稠密であったバルバドスや、ニューヨークやボルティモアなどからも自由黒人がトリニダードに導入された。しかし、以上の例はプランテーション経済を支えるには人数が少なすぎ、また、導入されたとしてもプランテーションを離れることも多かった。

もうひとつの手だては、第3章で述べたシエラ・レオネ植民地の解放アフリカ人を西インドに導入することであった。この問題はイギリスの下院特別委員会でも議論され、解放アフリカ人にとって西インドで自由労働者になることは好ましいことではないかとの結論を下した。しかし、当の解放アフリカ人にとって、西インド行きは好ましいものだとは思われなかった。奴隷船での過酷な航海を思い出させたり、砂糖プランテーションのよくない噂を耳にしたりしていたからである。

それでもイギリス政府はこの計画を推進するために、シエラ・レオネの解放アフリカ人にこれまで与えていた生活保障を打ち切り、西インドへの渡航費を支弁したりした。こうして、一八四〇年代には約一万三五〇〇人が西インドに導入された。ある推計によると、一八三四―六七年に三万七〇〇〇人の解放アフリカ人が西インドに渡ったとされるが、一八五〇年代以降その人数は急激に減少している。

インドと中国からの年季契約労働者

一八七〇年の夏のことである。インド北部の都市ラクナウにモハメド・シェリフという人物がいた。イギリス人将校の下働きをしていたが、その将校がインドを離れたので失業中であった。あるときバザールで近づいてきた男から、ガイアナの砂糖プランテーションに行けば仕事があると言われ、行くことに同意した。シェリフは他の九人とともにカルカッタに連れていかれ、同年八月二五日にメディー号(一〇六六トン)に乗船した。その船には彼と同じような四四七人の乗船者がいた。三〇四人の男性のほかに九一人の女性、三一人の子ども、二一人の幼児である。八七日間の航海中に六人が死亡したが、五人の赤ん坊が生まれている。

シェリフが結んだ契約では、渡航費は無料で、インドに帰還する際にも無料とされた。五年間の年季契約を結び、日給は二八セントであったという。年季終了後さらに五年間ガイアナにとどまったが、その後インドに帰還したかどうかは定かではない。彼にとって砂糖プランテーションでの労働はかなりきつかったようであるが、徐々に慣れていった。

一八六九―七〇年にカルカッタからガイアナに到着した船は一五隻で、約六七〇〇人を運んでいる。この頃ガイアナに到着した約五万三〇〇〇人を調べると、そのほとんどはインド出身者、うち七割以上が男性で、四分の三以上が年季契約労働者であった。

以上の例が示すように、一八五〇年代以降、英領西インドにはインドから多数の年季契約労働者が到来した。インド出身の労働者を最初に受け入れたのはインド洋のモーリシャスで、一八二九年から始まり、一八五〇年までに一二万人を導入している。モーリシャスのあとを追って、西インドがインドからの労働者を導入したのである。

図 4-8　トリニダードのインド人労働者(1890 年代．サザンメソジスト大学)
DeGolyer Library, Southern Methodist University

ジャマイカの場合、先に述べたように砂糖生産の減退は奴隷制廃止前から始まっていた。それは未開発の土地が少なくなっていたからである。廃止後、およそ五万七〇〇〇人の年季契約労働者の導入があったにもかかわらず、砂糖輸出量はやはり減少した。

一方、ガイアナとトリニダードは、新しく開発された植民地で、肥えた土地が豊富にあった。ガイアナは、一八五二―一九〇八年に約三〇万人の年季契約労働者を導入し、新たな土地を開拓し、砂糖輸出を二七〇％増加させた。トリニダードも、一八五〇―八〇年に一六万六〇〇〇人の年季契約労働者を導入し、砂糖輸出を同じく二七〇％増加させた。なお、中国人もアヘン戦争（一八四〇―四二年）後の一八五九―六六年に約一万二〇〇〇人が英領西インドに導入されているが、その後中止された。

こうして英領西インドのプランテーション労働力の主力はインドからの年季契約労働者になったのであるが、彼らを運んだ船と奴隷船の違いについて触れておきたい。

一八世紀には奴隷船の平均的な大きさが一〇〇～二〇〇トンであったことはすでに第2章で触れたが、デイヴィッド・ノースロップによると、一八二一―四三年における奴隷船の平均的な規模が一七二トンであったのに対して、一八五八―七三年におけるインドの年季契約労働者を運んだ船の平均は九六八トンで、かなり大きかったことがわかる。また、一〇〇トン当たりに詰め込まれた奴隷あるいは年季契約労働者の人数を比較すると、前者は二五七人で、後者は四二人となる。後者の場合、奴隷船とは異なり、乗船者は船倉や甲板上を比較的自由に動きまわることができたし、二段ベッドで休むこともできた。

しかし、インドから西インドまでの航海距離が長かったために、速度の速いクリッパー船でも約三カ月かかった。したがって、年季契約労働者の航海中の死亡率は一八五一―七〇年に五

%前後で、同時期の奴隷船での死亡率よりも一〜二%低かっただけである。

次に中国出身の年季契約労働者に関してであるが、彼らが目立って増えてくるのはアヘン戦争以降のことである。人口増加(一八五〇年に約四億三〇〇〇万人)や土地不足、社会的混乱などがプッシュ要因となった。行き先は多岐にわたるが、西インドと南アメリカに限定すると、キューバとペルーの比重が大きい。ノースロップによると、キューバには一八四七―七三年および一九〇一―二四年に合計一三万八〇〇〇人の中国人が渡っている。また、ペルーには同じく一八四九―七五年に一一万七〇〇〇人が渡っている。

中国人の年季契約労働者は、アモイ、マカオ、広東、香港などを拠点とする中国人周旋業者(ブローカー)によって誘われ、ある場合には暴力的に拉致され、船に乗せられた。一八七四年にキューバ駐在の中国人弁務官が行った現地調査によれば、聞き取りに応じた中国人の八割が出航前に誘拐されたか、騙されてキューバに来たと証言している。八割という数値は誇張しすぎという意見もあるが、それでも彼らの境遇は船上でも現地のプランテーションでも、奴隷のそれとあまり変わらなかったことを想像させる。

たとえば、ペルーに向かった船のなかではマリア・ルース号が悪名高い。一八七二年にマカオからペルーに向かっていた同号は、途中横浜に寄港した際、乗船していた二三一人の中国人(苦力《クーリー》)が奴隷ではないかと疑いをかけられ、国際裁判に発展したのである。裁判の主導権は日本が握った。その結果、移民契約の内容は奴隷契約であり、人道に反するものであるから無効であるとされ、中国人を清国に帰還させた。

ちなみに、中国からキューバへの移民船での死亡率は、一八四七—六〇年には約一五%で、奴隷船の死亡率よりも高かったことがわかる。また、キューバのある砂糖プランテーションでは奴隷制廃止前から黒人奴隷四五二人、中国人一二五人が並んで働いていた。中国人が新たな「中間航路」の苦難を経験し、まさに奴隷状態で働かされていたことがわかる。

ブラジルへの年季契約労働者

ブラジルでも奴隷制廃止前から移民労働者が導入されていた。とくにコーヒープランテーションでは多くのヨーロッパ系移民が使役された。ブラジル全体への移民流入数は、一八七〇年代に一九万人であったが、八〇年代に四五万人、九〇年代には一二一万人に急増している。

コーヒー生産ではリオ・デ・ジャネイロが先陣を切っていたが、徐々にサン・パウロに追いあげられ、一八八〇年代に追い抜かれてしまう。それは、サン・パウロ州政府が奴隷制廃止を見越して、移民労働者を積極的に受け入れた結果である。彼らに渡航費を支弁したのである。サン・パウロへの移民労働者のデータ(一八二七—一九三九年)をみると、イタリアから九五万人、ポルトガルから四五万人、スペインから三八万人、さらに日本から一九万人となっている。こうして二〇世紀初めには、サン・パウロはブラジルのコーヒー生産の約七割を占めるに至る。奴隷から移民への移行が比較的スムーズにいった例である。

彼らは「コロノ」と呼ばれる年季契約労働者で、通常五年契約であった。移民労働力を安定的に確保するため、構成家族というしくみを作りだした。これは夫婦と一二歳以上の子どもを含めて三人以上の労働力を確保するというもので、単身ではなく家族として生活し仕事ができるので、プランターにとっても当の移民にとっても良好な制度であったとされている。

ただし、奴隷身分から解放された黒人労働者もプランテーションで相並んで働いていたので、労働条件は厳しかったと考えられる。育成するコーヒーの成木の本数により賃金が計算され、また、収穫したコーヒーの実の重量が標準よりも重ければ、歩合給が追加された。つまり、生産性が高ければ収入も増えるというしくみを作ったのである。こうして収入を蓄積し、土地を購入し、自作農になる者も出てきた。

奴隷貿易禁止とアフリカ分割

奴隷船が大西洋を跳梁する時代は終焉を迎えたわけであるが、皮肉なことに、奴隷貿易禁止がヨーロッパ列強の植民地主義を正当化する理屈に組みいれられた。その先鞭をつけたのは、イギリス政府とイギリス海軍であった。シエラ・レオネ植民地の形成についてはすでにみたとおりだが、もう一度、この点をおさえておこう。

西アフリカのベニン湾岸のラゴスは、大西洋奴隷貿易初期からの拠点で、一九世紀半ばになっても奴隷貿易が続いていた。イギリスのパーマストン外相は一八五〇年、海軍司令官にラゴス王と奴隷貿易禁止のための条約を結ぶように指令し、もし王がそれを拒否した場合には武力を用いることも辞さないと付言した。

ラゴス王が条約締結を拒否したためイギリス海軍は海上封鎖を敢行し、ラゴス王に攻撃を仕掛け、勝利した。王を退位させ、以前王であったアキトイェを復位させ、この王とのあいだに奴隷貿易禁止の条約を結んだ。ラゴス攻撃のニュースがイギリスに伝えられたとき、内政介入だと批判する向きもあったが、奴隷貿易制圧という目的が手段を正当化した。イギリス海軍の武力攻撃は、奴隷貿易制圧という大義のためにやむをえないと認められたのである。

パーマストンは一八五一年、「海賊および略奪の巣窟としてのラゴスの破壊は、文明化した諸国民に委ねられた義務」だと表明した。奴隷貿易を海賊行為と決めつけることは、レトリックの上の実践的な意味をもっていた。国際法のもとでは海賊は人類共通の敵とされていたからである。世界のいかなる場所においても、海賊行為＝奴隷貿易は許されてはならない活動なのである。

また、イギリスのアフリカ諸国に対してとるべき姿勢は、大人の子どもに対する姿勢と同じであるとされた。すなわち、イギリス人は「アフリカ人にとって良いこと」を決めてやり、アフリカ人にそれを課すことができるとするのである。奴隷貿易禁止はアフリカ人にとって良きこととされた。アフリカを「文明化」するという論理によって、アフリカへの介入が正当化されたのである。

イギリスの先鞭に倣ってヨーロッパ列強は、奴隷貿易禁止の御旗をかかげ、アフリカ沿岸部から内陸に侵入していった。一八八四年、激化する植民地競争を調停するためビスマルクの提唱によって開かれたベルリン会議では、列強一四カ国による「アフリカ分割」のルールが取り決められた。さらに一八八九年のブリュッセル会議では、奴隷貿易禁止がアフリカに対する外交政策の中心となっていくのである。

三　おわりに

奴隷制は終わっていない

アメリカ合衆国では一八六五年、キューバでは一八八六年、ブラジルでは一八八八年に奴隷制が廃止され、南北アメリカにおける奴隷制は終わりを告げた。では、これで世界じゅうの奴隷制が廃止されたことになるのであろうか。

答えは、否である。現在でも奴隷制は存在している。ケビン・ベイルズは一九九九年の著作『グローバル経済と現代奴隷制』で、現代の奴隷制を「新奴隷制」と呼び、旧奴隷制と区別している。そして、「新奴隷制は、旧奴隷制に見る伝統的な意味における〈人間所有〉ではなく、完全なる〈人間支配〉である。人間は、金もうけのための、完璧な〈使い捨て器具〉と化す」と規定している。新奴隷制で囚われているのは、圧倒的に弱い立場にある女性と子どもである。

ベイルズによると、世界に存在する奴隷の数は少なく見積もって二七〇〇万人であり、このうち一五〇〇万~二〇〇〇万人はインド、パキスタン、バングラデシュ、ネパールの債務奴隷であるという。そのほかには東南アジア、北・西アフリカ、南アメリカの諸地域に集中しているが、アメリカ合衆国やヨーロッパ、日本などの先進国、あるいは世界のどの国にも奴隷は存在するという。

さらに、彼の二〇一六年の著作『環境破壊と現代奴隷制』では、世界の奴隷の数は四五八〇万人に上方修正されている。すなわち、現代世界の奴隷数は、第1章で述べた大西洋奴隷貿易の時代にアフリカから拉致された人数よりも、はるかに多いのである。

『グローバル経済と現代奴隷制』に戻ると、奴隷が使役される労働でもっとも多いのは農作業であるが、それ以外にもレンガ作り、鉱石掘り、石切り、売春、宝石加工、衣服作り、絨毯織り、家事労働などがある。奴隷の作った商品やサービスは世界じゅうの消費者に届けられる。

巨大なグローバル企業が発展途上国に設けた子会社を通じて、高い利益をあげるために奴隷労働力を利用している。人を奴隷化する基準は、人種や民族、肌の色や宗教とは関係ない。奴隷保有者は、世界じゅうで弱さや騙されやすさ、窮乏につけこむのである。

世界経済のグローバル化によって、第三世界の伝統的な家族や彼らを支えてきた小規模農業が解体され、生活の糧を失った人々は奴隷の身に落ちていった。奴隷保有者は、奴隷から労働を搾り取れるだけ搾り取り、その後奴隷を捨てる。すなわち、一人の人間が奴隷でいる期間が短縮され、使い物にならなくなれば、あっさりと捨てられるのである。

ベイルズは、現代の奴隷制の形態として、動産奴隷制、債務奴隷制、契約奴隷制の三つをあげている。動産奴隷制は、旧奴隷制にもっとも近い形態である。一人の人間が捕獲されたり、売られたりした結果、隷属状態が長く続くことになる。こうした形態は、北・西アフリカやアラブ諸国によくみられるものであるが、新奴隷制のなかで占める割合はきわめて低い。

債務奴隷制は、借金と引き換えに自身や家族、とくに子どもを担保に入れる形態である。ただし、奉公の年季や仕事の内容もはっきりと定められておらず、労働をしたからといって債務が減るとはかぎらない。インドやパキスタン、タイなどで多い形態である。

契約奴隷制は、工房や工場での雇用を保証するからと契約を交わし、仕事場に連れていかれて初めて奴隷にされたと気づく場合である。契約が人を奴隷制へと誘いこみ、また、奴隷制を合法と見せかける手段となる。この形態は、東南アジア、ブラジル、アラブ諸国、インド亜大陸でみられる。

これらすべては、暴力によって奴隷にされ、搾取という目的のために、自らの意志に反して拘束されているのである。

タイとブラジル

ベイルズによれば、タイには奴隷にされた売春婦が約三万五〇〇〇人いるという。その多くはタイ北部の村から連れてこられた少女である。周旋屋は親と交渉し、娘に値段をつける。ある一五歳の少女は日本円で二四万円の値段がつけられた。周旋屋と親とが取り交わした契約書には、この金は娘が働いて返すこと、債務の完済後まで娘は暇をもらえないし、家に仕送りもできない、と記されている。しかし、債務には法外な利息がかけられる場合があり、少女が性奴隷となっても債務が返済できる目途がたたない。ある少女の債務は当初二四万円だったが、周旋屋に南部に連れてこられ、売春宿に四八万円で売られた。さらにその売春宿で彼女の借金が倍に膨れ上がったという。

こうした債務奴隷制によって少女たちは、売春宿経営者とヒモの完全な支配下におかれる。稼ぐことができるあいだ、彼女たちは売春宿に隔離され、暴力で支配される。逃げたり、抵抗したりすれば、殴られ、債務が増やされる。時がたち、少女がおとなしく言うことをきくようになると、ヒモは「おまえは債務を払い終えたから家に少しは送金してもいい」と伝える。「債務を払い終えた」という言葉は、計算してそうなったわけではなく、ヒモの裁量で伝えられるのである。こうすることで彼女をいっそう扱いやすくするのである。

ブラジルでは奴隷制は廃止されたはずだが、やはりベイルズによると、広大な国土の片隅に奴隷制は存在するという。「新しい奴隷制は、昔からの規範や伝統的な生活が壊れたところに花開く」のである。

舞台のひとつはブラジル西部のマト・グロッソ・ド・スルである。ここでは製鉄工場で使用する炭を生産している。そのための労働者を遠く離れたミナス・ジェライスから運んでくる。炭作りの労働者を集める職業斡旋人はガトと呼ばれている。ガトはミナス・ジェライスのスラムに家畜用のトラックで乗り入れ、男たちを雇いたい、家族ぐるみで雇ってもいい、と触れまわる。貧しく食い詰めた男たちはガトの話に食らいついてくる。ガトは給料や食事などについて一見魅力的な条件を並べたてる。すぐにトラックがいっぱいになって、労働者たちを西に向けて運ぶというわけである。

しかし炭焼き場に着くと、彼らは銃をもった男たちに取り囲まれていることに気づく。ガトは彼らに向かって、「おまえらはオレに借金が山ほどある。交通費におまえらが食った食い物代、それにおまえらの家族に渡してやった金——だから、逃げ出そうなんて、夢にも考えるなよ」と吐き捨てる。この瞬間に彼らはブラジル市民であることをやめ、奴隷になる。彼らは、炭焼き場から逃げ出すこともできず、仕事に文句も言えず、給料をもらうこともできず、もちろん家族に会いに帰ることもできず、日々強制労働を課せられる。理屈上は借金が残っているので、それを返すまでは働かなければならない。しかし、何カ月かたっても、借金がどれだけ残っているのか、彼らは知らない。むしろ借金が常に残るように仕組まれているのである。

ただし、ガトとその使用者はこうした労働者を所有したいわけではなく、労働力を搾り取れるだけ搾りとればいいと考えている。せいぜい二年くらいで彼らは捨てられるのである。疲労困憊していたり、病気になる場合も多いからである。

現代世界の奴隷船

下山晃は『世界商品と子供の奴隷』のなかで、西アフリカ・コートジボワールのカカオプランテーションで働く子どもの奴隷について注意を促している。それに反対するポスターの下に解説文がついている。

「チョコレートの甘さは奴隷制度の苦い経験を隠すことができるわけではありません。チョコの原料のカカオは幼い子供たちがつくっていますが、その子たちはだまされ売られてコートジボアールのカカオ・プランテーションでこき使われているのです。一〇万九〇〇〇人以上もの子供たちがカカオ農園の中で『最悪の形態の児童労働』に押し込まれています」

コートジボワール産カカオは世界シェアの四割以上を占めている。ほかにガーナやナイジェリアでもカカオ生産が盛んである。これらの国では、近隣のマリやブルキナファソ、トーゴなどから売られた孤児や子どもが奴隷としてカカオを栽培しているという。

これとの関連で、二〇〇一年四月二四日付けの『読売新聞』の記事が注目される。同様の記事が同年四月一八日付けの『毎日新聞』でも報じられている。それらによると、ナイジェリア船籍の「MVエティレノ」号が、奴隷として買われた子どもたちを乗せて、ベニンのコトヌーを三月三〇日に出港し、ガボンに向かったが、入国を拒否され、その後向かったカメルーンでも拒否され、四月一七日にコトヌーに帰港したというものである。

ベニンの政府系新聞が「船には大農園で働かせるため身売りされた子供が最大二百五十人乗っている」と報じたため、大きな問題になった。その後の警察の調べで、船には四〇人の子どもが乗っていたことが確認された。多くは親と共に新天地で生活するために乗船した子どもだったが、トーゴやマリから来た数人の子どもが単独で乗っていたということである。現地の国連関係者は、「(途中で)子供を海に投げ捨てたのでは」との疑念を吐露している。

一八世紀の奴隷船ゾング号と同じ事態が、現代でも起こっているかもしれないのだ。下山によると、その後の調査で、船に積み込まれていた子どもたちは、コートジボワールのカカオプランテーションに売られて送り込まれる途中であったということだ。

国連児童基金(ユニセフ)や人権団体によると、西アフリカでは子どもたちが奴隷商人によって一人約一五ドルで買いとられ、ココアやコーヒーの農場で労働させられ、少女は性奴隷になる場合もあるという。ガーナ大学のナナ・ブルクム歴史学部長は、「西アフリカはかつて奴隷海岸と呼ばれ、一六世紀から一九世紀にかけて一〇〇〇万人以上が南北アメリカやカリブ海諸国に輸出された。輸出先が変わっただけで人身売買はその時代から連綿と続いている」と指摘している。

現代の奴隷制の実態を暴露・告発し、それをなくそうとしている国際組織が、ロンドンに本拠をおく「反奴隷制インターナショナル」である。それは一八二三年にロンドンで結成された反奴隷制協会に起源をもち、一八三九年にジョゼフ・スタージらによって「イギリスおよび外国の反奴隷制協会」として結成され、翌一八四〇年には反奴隷制国際会議をロンドンで開催している。それ以降今日まで、奴隷制・強制労働・奴隷取引をなくすため、長年にわたって精力的に活動してきた。

そのホームページ(www.antislavery.org)には、一五歳の少女の物語が掲載されている。彼女はナイジェリア生まれで、ある女性の手引きでイギリスにやってきた。その初日にある男が部屋に来て、彼女を強姦した。その日以降、彼女は売春婦として毎日何人もの男の相手をさせられてきたという。

以上のように、現代においても奴隷制は世界じゅうに遍在し、人身売買あるいは奴隷貿易が活発に行われ、ある場合には奴隷船が行き来していることが明らかになった。奴隷船や奴隷制は過去の問題ではない。国際労働機関（ＩＬＯ）の報告でも、現代世界の奴隷は二〇一六年時点で約四〇三〇万人存在するとされている。

二〇一八年一二月、オーストラリアでは「現代奴隷法」が成立した。同国で事業を展開する年間売上高一億豪ドル（約七九億円）以上の企業に、取引先も含めて強制労働の防止策などを毎年報告するよう義務付けるという。当然、現地で事業展開する日本企業も含まれる。強制労働や児童労働などの人権侵害を防ぐ取り組みである。報告書はオーストラリア政府がネット上で公開する。同様の法律は、すでにカリフォルニア州（二〇一二年）やイギリス（二〇一五年）、フランス（二〇一七年）などでも制定されている。

強制労働や人権侵害などに企業がどのように取り組んでいるのかが公表される点が重要であり、問題のある企業は消費者や株主からの支持を失ってしまう。かつてイギリスのアボリショニストたちが展開した砂糖不買運動のように、消費者が監視の目を光らせ、グローバルに広がる奴隷労働や児童労働などに反対の声をあげることが重要なのである。

あとがき

私はもともと歴史がそれほど好きではなかった。高校時代は、日本史よりも世界史の方が好きだったが、もっと好きなのは化学であった。大学では化学工学を専攻した。大学入学が一九六八年であったのが、人生の分かれ道になったかもしれない。公害問題が日本全国で起こり、四大公害訴訟が進行中だった。原告団の弁護士に大学に来てもらってシンポジウムを開いたこともあった。純粋に化学だけを勉強するわけにはいかなくなっていた。

大学卒業後、民間企業に就職し、開発設計などを担当していたが、六年ほどで退社した。本格的に経済学を勉強したくなったからである。最初は独学で勉強していたが、そのうち自分の力を試したくなって、同志社大学大学院に進むことにした。修士論文のテーマにカール・ポランニーを選んだ。しかし、そこから先が見えてこない。アフリカのことを勉強したかったが、フィールドワークをするには遠すぎた。

そこで博士課程のテーマに選んだのが、大西洋奴隷貿易であった。最初に読んだ本が、第1章にあげたエリック・ウィリアムズの『資本主義と奴隷制』とフィリップ・カーティンの *The*

*Atlantic Slave Trade*であった。ヨーロッパとアフリカ、新世界の広大な世界が広がっていた。それ以来、三十数年にわたって研究を続けてきた。

そして、昨年三月頃、岩波書店編集部の杉田さんから『奴隷船の世界史』というタイトルで新書を書いてみませんか、と依頼があった。最初は正直とまどった。「大西洋奴隷貿易史」のようなものなら以前からまとめてみたいと思っていたが、「奴隷船」となると少し違うし、自分に書けるのかという疑念があった。そこで、一週間ほど考えることにした。出した結論は、ポジティブなものであった。奴隷船に焦点を当てることによってむしろ、大西洋奴隷貿易や奴隷制、あるいはそれらの廃止運動について、生々しい人間の動きを描けるのではないかと考え、引き受けることにした。

奴隷船の航海については、TSTD1、2を使うことができ、それぞれについて具体的に知ることができる。ジョン・ニュートンやイクイアーノについては伝記も出版されていたので、彼らの生涯や活動について描くことができる。イギリスの奴隷貿易や奴隷制の廃止についてはすでに論文にしていたので、これらを参照してわかりやすくまとめればよいと考えた。しかし、イギリスだけでは世界史にはならない。可能な限り他の国々の状況もおさえておく必要があり、私にとっては新たな挑戦となった。

さて、大西洋奴隷貿易史の研究を始めて以来、お世話になってきた先生がいる。龍谷大学名誉教授の池本幸三先生である。これまでさまざまな助言をいただき、貴重な資料も貸していただいた。今回も「アミスタッド号事件」に関する資料をお借りした。また、大学院時代にご指導をいただいた、今は亡き入江節次郎先生と藤村幸雄先生にもお礼を申し上げなければならない。本書を三人の先生に捧げたい。

本書を執筆する際にTSTD2を基礎的な資料のひとつとして利用したことはすでに述べたが、ホームページを開くとさらに進化していることがわかる。奴隷船の航海件数は三万六〇〇〇件に増えており、また、大西洋間の奴隷貿易だけでなく、南北アメリカ(カリブ海諸島を含む)間の奴隷貿易もデータに含まれるようになった。これによってアミスタッド号も検索できるようになった。

もうひとつ、興味深い論文が発表された。ネイサン・ナン「奴隷貿易はアフリカにどのような影響を与えたか」(ジャレド・ダイアモンド/ジェイムズ・A・ロビンソン編著『歴史は実験できるのか――自然実験が解き明かす人類史』小坂恵理訳、慶應義塾大学出版会、二〇一八年)である。この論文の最終的な結論は、「アフリカでも特に多くの奴隷が連れ去られた地域は、今日のアフリカで最も貧しい地域であることが確認される」とするものである。これからも考え続けなければならない課題であろう。

最後に、岩波書店編集部の杉田守康さんには、最初の目次作成から文章の校閲、図表の作成など、完成まで大変お世話になった。本書は杉田さんと私とのいわば共同作業の成果だといっても過言ではない。記して感謝の意を表したい。

二〇一九年六月　豊中にて

布留川正博

主要参考文献

アズララ「ギネー発見征服誌」長南実訳，『西アフリカ航海の記録』大航海時代叢書第 I 期 2，岩波書店，1967 年

オラウダ・イクイアーノ『アフリカ人，イクイアーノの生涯の興味深い物語』久野陽一訳，研究社，2012 年

池本幸三・布留川正博・下山晃『近代世界と奴隷制——大西洋システムの中で』人文書院，1995 年

池本幸三「歴史としてのアミスタッド号事件」上，『龍谷大学経営学論集』第 39 巻第 3・4 号，2000 年 3 月

伊東俊太郎『十二世紀ルネサンス——西欧世界へのアラビア文明の影響』岩波書店，1993 年．講談社学術文庫，2006 年

エリック・ウィリアムズ『資本主義と奴隷制——ニグロ史とイギリス経済史』中山毅訳，理論社，1978 年

エリック・ウィリアムズ『コロンブスからカストロまで——カリブ海域史，1492–1969』I・II，川北稔訳，岩波現代選書，1978 年．岩波現代文庫，2014 年

I. ウォーラーステイン『近代世界システム——農業資本主義と「ヨーロッパ世界経済」の成立』I・II，川北稔訳，岩波現代選書，1981 年．新版，名古屋大学出版会，2013 年

ジェームズ・ウォルヴィン『奴隷制を生きた男たち』池田年穂訳，水声社，2010 年

デイヴィッド・エルティス／デイヴィッド・リチャードソン『環大西洋奴隷貿易歴史地図』増井志津代訳，東洋書林，2012 年

笠井俊和『船乗りがつなぐ大西洋世界——英領植民地ボストンの船員と貿易の社会史』晃洋書房，2017 年

カダモスト「航海の記録」河島英昭訳，『西アフリカ航海の記録』大航海時代叢書第 I 期 2，岩波書店，1967 年

神代　修『キューバ史研究——先住民社会から社会主義社会まで』文理閣，2010 年

児島秀樹「ダホメの宝貝通貨と奴隷貿易」『明星大学経済学研究紀要』第 37 巻第 1 号，2005 年 12 月

コロンブス『コロンブス航海誌』林屋永吉訳，岩波文庫，1977 年

カレン・ザイナート『アミスタッド号の反乱』黒木三世訳，瑞雲舎，1998 年

C. L. R. ジェームズ『ブラック・ジャコバン——トゥサン=ルヴェル

チュールとハイチ革命』青木芳夫監訳，大村書店，1991 年
ロナルド・シーガル『ブラック・ディアスポラ――世界の黒人がつくる歴史・社会・文化』富田虎男監訳，明石書店，1999 年
下山　晃『世界商品と子供の奴隷――多国籍企業と児童強制労働』ミネルヴァ書房，2009 年
デイヴィッド・ダビディーン『大英帝国の階級・人種・性――W・ホガースにみる黒人の図像学』松村高夫・市橋秀夫訳，同文舘出版，1992 年
田村　理「イギリス奴隷貿易廃止運動史研究の射程――「ウィリアムズ理論」,「モラル資本」論をこえて」『北大史学』第 50 号，2010 年 12 月
デフォー『ロビンソン・クルーソー』上，平井正穂訳，岩波文庫，1967 年
徳島達朗『アボリショニズム研究――「過去と向き合う」: 強制連行・奴隷制』梓出版社，2002 年
長澤勢理香『18 世紀後半におけるイギリス奴隷貿易の支払手段およびその重要性』同志社大学・学位論文，2013 年 3 月
長澤勢理香「奴隷ファクター――大西洋奴隷貿易における現地在住奴隷販売人の役割」『社会経済史学』第 82 巻第 1 号，2016 年 5 月
並河葉子「イギリスにおける反奴隷制運動と女性」『神戸市外国語大学外国学研究』第 85 号，2013 年 3 月
ジョン・ニュートン『「アメージング・グレース」物語――ゴスペルに秘められた元奴隷商人の自伝』中澤幸夫編訳，彩流社，2006 年
チャールズ・H. ハスキンズ『十二世紀ルネサンス』野口洋二訳，創文社，1985 年
ジェームズ・M. バーダマン『アメリカ黒人の歴史』森本豊富訳，NHK 出版，2011 年
浜　忠雄『カリブからの問い――ハイチ革命と近代世界』岩波書店，2003 年
平田雅博『内なる帝国・内なる他者――在英黒人の歴史』晃洋書房，2004 年
藤井真理『フランス・インド会社と黒人奴隷貿易』九州大学出版会，2001 年
布留川正博「アシエント奴隷貿易史――イギリス南海会社のスペイン領アメリカへの奴隷貿易を中心にして」(1)(2)『経済学論叢』(同志社大学) 第 36 巻第 2 号，同第 3・4 号，1985 年 9 月，同 11 月
布留川正博「15, 6 世紀ポルトガル王国における黒人奴隷制――近代

奴隷制の歴史的原像」(1)(2)『経済学論叢』(同志社大学)第40巻第2号，同第3号，1988年11月，1989年2月
布留川正博「ウィリアムズ・テーゼ再考――イギリス産業革命と奴隷制」『社会科学』(同志社大学)第46号，1991年3月
布留川正博「イギリスにおける奴隷貿易廃止運動――London Abolition Committeeの活動を中心に」『龍谷大学経営学論集』第37巻第4号，1998年3月
布留川正博「エリック・ウィリアムズの〈衰退理論〉再考――奴隷貿易廃止期における英領西インドの経済」『経済学論叢』(同志社大学)第54巻第4号，2003年3月
布留川正博「イギリスのアボリショニズムとシエラ・レオネ植民地」『経済学論叢』(同志社大学)第57巻第4号，2006年3月
布留川正博「近代奴隷制崩壊へのプレリュード――19世紀前半におけるブラジルの奴隷貿易とその廃止」池本幸三編『近代世界における労働と移住――理論と歴史の対話』阿吽社，1992年
布留川正博「19世紀前半シエラ・レオネにおける解放アフリカ人」『経済学論叢』(同志社大学)第60巻第3号，2008年12月
布留川正博「イギリスにおける奴隷制廃止運動――漸進的廃止から即時廃止へ」『経済学論叢』(同志社大学)第62巻第1・2号，2010年9月
布留川正博「イギリスにおける年季奉公人制の廃止，1834–38年」『経済学論叢』(同志社大学)第64巻第3号，2013年3月
布留川正博「大西洋奴隷貿易の新データベースの歴史的意義」『同志社商学』第66巻第6号，2015年3月
布留川正博「奴隷制と奴隷貿易からみたブラジル」富野幹雄編『グローバル化時代のブラジルの実像と未来』行路社，2008年
フェルナン・ブローデル『地中海』全10巻，浜名優美訳，藤原書店，1999年
ケビン・ベイルズ『グローバル経済と現代奴隷制』大和田英子訳，凱風社，2002年
ケビン・ベイルズ『環境破壊と現代奴隷制――血塗られた大地に隠された真実』凱風社，大和田英子訳，2017年
カール・ポランニー『経済と文明』栗本慎一郎・端信行訳，サイマル出版会，1975年．ちくま学芸文庫，2004年
R.メジャフェ『ラテンアメリカと奴隷制』清水透訳，岩波現代選書，1979年
森　建資『雇用関係の生成――イギリス労働政策史序説』木鐸社，

1988年
マーカス・レディカー『奴隷船の歴史』上野直子訳，みすず書房，2016年
N. ワシュテル『敗者の想像力――インディオのみた新世界征服』小池佑二訳，岩波書店，1984年
W. モンゴメリ・ワット『地中海世界のイスラム――ヨーロッパとの出会い』三木亘訳，筑摩書房，1984年．ちくま学芸文庫，2008年

R. Anstey, *The Atlantic Slave Trade and British Abolition, 1760–1810*, Macmillan, 1975
R. Blackburn, *The Overthrow of Colonial Slavery 1776–1848*, Verso, 1988
C. L. Brown, *Moral Capital: Foundations of British Abolitionism*, Chapel Hill, 2006
R. Burroughs/R. Huzzey, eds., *The Suppression of the Atlantic Slave Trade: British Policies, Practices and Representations of Naval Coercion*, Manchester U. P., 2015
E. Christopher, *Slave Ship Sailors and Their Captive Cargoes, 1730–1807*, Cambridge U. P., 2006
T. Clarkson, *The History of the Rise, Progress and Accomplishment of the Abolition of the African Slave-Trade, by the British Parliament*, I, II, Frank Cass & Co. Ltd., 1968（First Published 1808）
R. Coupland, *The British Anti-Slavery Movement*, Frank Cass, 1964（First Published 1933）
M. Craton, *Testing the Chains : Resistance to Slavery in the British West Indies*, Cornell U. P., 1982
P. D. Curtin, *The Atlantic Slave Trade: A Census*, Univ. of Wisconsin Press, 1969
S. Drescher, *Econocide: British Slavery in the Era of Abolition*, Univ. of Pittsburgh Press, 1977
S. Drescher, *Capitalism and Antislavery: British Mobilization in Comparative Perspective*, Macmillan 1986
P. Duignan/L. H. Gann, *The United States and Africa: A History*, Cambridge U. P., 1984
D. Eltis/D. Richardson, eds., *Extending the Frontiers: Essays on the New Transatlantic Slave Trade Database*, Yale U. P., 2008
R. Furneaux, *William Wilberforce*, Hamish Hamilton Ltd, 1974

H. A. Gemery/J. S. Hogendorn, eds., *The Uncommon Market: Essays in the Economic History of the Atlantic Slave Trade*, Academic Press, 1979
B. W. Higman, *Slave Populations of the British Caribbean, 1807–1834*, The Press Univ. of the West Indies, 1995
J. E. Inikori, "Measuring the Atlantic Slave Trade: An Assessment of Curtin and Anstey", *The Journal of African History*, Vol. 17, No. 2, 1976
J. Jennings, *The Business of Abolishing the British Slave Trade, 1783–1807*, Frank Cass & Co., 1997
H. S. Klein, *The Middle Passage: Comparative Studies in the Atlantic Slave Trade*, Princeton U. P., 1978
P. E. Lovejoy, "The Volume of the Atlantic Slave Trade: A Synthesis", *The Journal of African History*, Vol. 23, No. 4, 1982
C. Midgley, *Women Against Slavery: The British Campaigns, 1780–1870*, Routledge, 1992
B. R. Mitchell/P. Deane, *Abstract of British Historical Statistics*, Cambridge U. P., 1962
K. Morgan, "Liverpool's Dominance in the British Slave Trade, 1740–1807", *Liverpool and Transatlantic Slavery*, Edited by D. Richardson/S. Schwarz/A. Tibbles, Liverpool U. P., 2007
N. Myers, *Reconstructing the Black Past: Blacks in Britain 1780–1830*, Frank Cass, 1996
D. Northrup, *Indentured Labor in the Age of Imperialism, 1834–1922*, Cambridge U. P., 1995
J. R. Oldfield, *Popular Politics and British Anti-Slavery: The Mobilization of Public Opinion against the Slave Trade 1787–1807*, Univ. of Manchester Press, 1995
C. Palmer, *Human Cargoes: The British Slave Trade to Spanish America, 1700–1739*, Univ. of Illinois Press, 1981
D. R. Peterson, ed., *Abolitionism and Imperialism in Britain, Africa, and the Atlantic*, Ohio U. P., 2010
W. D. Phillips, Jr., *Slavery from Roman Times to the Early Transatlantic Trade*, Univ. of Minnesota Press, 1985
D. Pope, "The Wealth and Social Aspirations of Liverpool's Slave Merchants of the Second Half of the Eighteenth Century", *Liverpool and Transatlantic Slavery*, Edited by D. Richardson/S. Schwarz/A. Tib-

bles, Liverpool U. P., 2007
D. Richardson, "Shipboard Revolts, African Authority, and the Atlantic Slave Trade", *William and Mary Quarterly*, Vol. 58, No. 1, Jan. 2001
A. C. de C. M. Saunders, *A Social History of Black Slaves and Freedmen in Portugal 1441–1555*, Cambridge U. P., 1982
B. L. Solow/S. L. Engerman, eds., *British Capitalism and Caribbean Slavery: The Legacy of Eric Williams*, Cambridge U. P., 1987
D. Turley, *The Culture of English Antislavery, 1780–1860*, Routledge, 1991
J. Vogt, *Portuguese Rule on the Gold Coast 1469–1682*, Univ. of Georgia Press, 1979
British Parliamentary Papers
https://www.slavevoyages.org
https://www.antislavery.org

布留川正博

1950年，奈良県生まれ．1973年，大阪大学基礎工学部卒業．民間企業勤務を経て，同志社大学大学院経済学研究科博士後期課程退学．同志社大学経済学部助手，専任講師，助教授，教授を経て，
現在─同志社大学名誉教授
専攻─大西洋奴隷貿易史，近代奴隷制史
著書─『世界経済史──世界資本主義とパクス・ブリタニカ』(共著，ミネルヴァ書房)
『近代世界と奴隷制──大西洋システムの中で』(共著，人文書院)
『岩波講座 世界歴史15　商人と市場』(共著，岩波書店)
『グローバリゼーションとアジア──21世紀におけるアジアの胎動』(編著，ミネルヴァ書房)
『世界経済の興亡200年』(共著，東洋経済新報社) ほか

奴隷船の世界史　　岩波新書(新赤版)1789

2019年8月22日　第1刷発行
2022年5月25日　第4刷発行

著　者　布留川正博《ふるがわまさひろ》

発行者　坂本政謙

発行所　株式会社 岩波書店
〒101-8002 東京都千代田区一ツ橋2-5-5
案内 03-5210-4000　営業部 03-5210-4111
https://www.iwanami.co.jp/

新書編集部 03-5210-4054
https://www.iwanami.co.jp/sin/

印刷・三陽社　カバー・半七印刷　製本・中永製本

ISBN 978-4-00-431789-0　　Printed in Japan

岩波新書新赤版一〇〇〇点に際して

ひとつの時代が終わったと言われて久しい。だが、その先にいかなる時代を展望するのか、私たちはその輪郭すら描きえていない。二〇世紀から持ち越した課題の多くは、未だ解決の緒を見つけることのできないままであり、二一世紀が新たに招きよせた問題も少なくない。グローバル資本主義の浸透、憎悪の連鎖、暴力の応酬——世界は混沌として深い不安の只中にある。

現代社会においては変化が常態となり、速さと新しさに絶対的な価値が与えられた。消費社会の深化と情報技術の革命は、種々の境界を無くし、人々の生活やコミュニケーションの様式を根底から変容させてきた。ライフスタイルは多様化し、一面では個人の生き方をそれぞれが選びとる時代が始まっている。同時に、新たな格差が生まれ、様々な次元での亀裂や分断が深まっている。社会や歴史に対する意識が揺らぎ、普遍的な理念に対する根本的な懐疑や、現実を変えることへの無力感がひそかに根を張りつつある。そして生きることに誰もが困難を覚える時代が到来している。

しかし、日常生活のそれぞれの場で、自由と民主主義を獲得し実践することを通じて、私たち自身がそうした閉塞を乗り超え、希望の時代の幕開けを告げてゆくことは不可能ではあるまい。そのために、いま求められていること——それは、個と個の間で開かれた対話を積み重ねながら、人間らしく生きることの条件について一人ひとりが粘り強く思考することではないか。その営みの糧となるものが、教養に外ならないと私たちは考える。歴史とは何か、よく生きるとはいかなることか、世界そして人間はどこへ向かうべきなのか——こうした根源的な問いとの格闘が、文化と知の厚みを作り出し、個人と社会を支える基盤としての教養となった。まさにそのような教養への道案内こそ、岩波新書が創刊以来、追求してきたことである。

岩波新書は、日中戦争下の一九三八年一一月に赤版として創刊された。創刊の辞は、道義の精神に則らない日本の行動を憂慮し、批判的精神と良心的行動の欠如を戒めつつ、現代人の現代的教養を刊行の目的とする、と謳っている。以後、青版、黄版、新赤版と装いを改めながら、合計二五〇〇点余りを世に問うてきた。そして、いままた新赤版が一〇〇〇点を迎えたのを機に、人間の理性と良心への信頼を再確認し、それに裏打ちされた文化を培っていく決意を込めて、新しい装丁のもとに再出発したいと思う。一冊一冊から吹き出す新風が一人でも多くの読者の許に届くこと、そして希望ある時代への想像力を豊かにかき立てることを切に願う。

（二〇〇六年四月）

岩波新書より

世界史

スペイン史10講　立石博高
ヒトラー　芝健介
ユーゴスラヴィア現代史〔新版〕　柴宜弘
東南アジア史10講　古田元夫
チャリティの帝国　金澤周作
太平天国　菊池秀明
ドイツ統一　アンドレアス・レダー　板橋拓己訳
人口の中国史　上田信
カエサル　小池和子
世界遺産　中村俊介
奴隷船の世界史　布留川正博
独ソ戦　絶滅戦争の惨禍　大木毅
イタリア史10講　北村暁夫
フランス現代史　小田中直樹
移民国家アメリカの歴史　貴堂嘉之
フィレンツェ　池上俊一

マーティン・ルーサー・キング　黒﨑真
ナポレオン　杉本淑彦
ガンディー　平和を紡ぐ人　竹中千春
イギリス現代史　長谷川貴彦
ロシア革命　破局の8か月　池田嘉郎
天下と天朝の中国史　檀上寛
孫文　深町英夫
古代東アジアの女帝　入江曜子
新・韓国現代史　文京洙
ガリレオ裁判　田中一郎
人間・始皇帝　鶴間和幸
袁世凱　岡本隆司
二〇世紀の歴史　木畑洋一
イギリス史10講　近藤和彦
植民地朝鮮と日本　趙景達
シルクロードの古代都市　加藤九祚
中華人民共和国史〔新版〕　天児慧
物語　朝鮮王朝の滅亡◆　金重明

新・ローマ帝国衰亡史　南川高志
近代朝鮮と日本　趙景達
マヤ文明　青山和夫
北朝鮮現代史◆　和田春樹
四字熟語の中国史　冨谷至
李鴻章　岡本隆司
新しい世界史へ　羽田正
パル判事　中里成章
グランドツアー　18世紀イタリアへの旅　岡田温司
マルコムX　荒このみ
パリ　都市統治の近代　喜安朗
ノモンハン戦争　モンゴルと満洲国　田中克彦
中国という世界　竹内実
ウィーン　都市の近代　田口晃
紫禁城　入江曜子
ジャガイモのきた道　山本紀夫
北京　春名徹
創氏改名　水野直樹

岩波新書より

アマテラスの誕生	溝口睦子
遣唐使	東野治之
戦艦大和 生還者たちの証言から	栗原俊雄
中世日本の予言書	小峯和明
歴史のなかの天皇◆	吉田孝
沖縄現代史〔新版〕	新崎盛暉
刀狩り	藤木久志
戦後史	中村政則
明治デモクラシー	坂野潤治
環境考古学への招待	松井章
源義経	五味文彦
明治維新と西洋文明	田中彰
奈良の寺	奈良文化財研究所編
西園寺公望	岩井忠熊
日本の軍隊	吉田裕
聖徳太子	吉村武彦
東西／南北考	赤坂憲雄
江戸の見世物	川添裕
日本文化の歴史	尾藤正英
熊野古道◆	小山靖憲
日本の神々	谷川健一
南京事件	笠原十九司
日本社会の歴史 上・中・下	網野善彦
神仏習合	義江彰夫
従軍慰安婦	吉見義明
中世に生きる女たち	脇田晴子
考古学の散歩道	田中琢 佐原真
武家と天皇	今谷明
中世倭人伝	村井章介
琉球王国	高良倉吉
昭和天皇の終戦史	吉田裕
幻の声 NHK広島8月6日	白井久夫
西郷隆盛	猪飼隆明
象徴天皇制への道	中村政則
正倉院	東野治之
軍国美談と教科書	中内敏夫
日中アヘン戦争	江口圭一
青鞜の時代	堀場清子
子どもたちの太平洋戦争	山中恒
江戸名物評判記案内	中野三敏
国防婦人会	藤井忠俊
日本文化史〔第二版〕	家永三郎
平将門の乱	福田豊彦
日本中世の民衆像◆	網野善彦
神々の明治維新	安丸良夫
戒厳令	大江志乃夫
漂海民	羽原又吉
真珠湾・リスボン・東京	森島守人
陰謀・暗殺・軍刀	森島守人
東京大空襲	早乙女勝元
兵役を拒否した日本人	稲垣真美
演歌の明治大正史	添田知道
天保の義民	松好貞夫
太平洋海戦史〔改訂版〕	高木惣吉
太平洋戦争陸戦概史	林三郎
近衛文麿	岡義武

(2021.10)　◆は品切，電子書籍版あり．　(N2)

岩波新書より

岩波新書より

政治

- 「オピニオン」の政治思想史　堤林剣・堤林恵
- 戦後政治史〔第四版〕　石川真澄・山口二郎
- 尊厳　マイケル・ローゼン／内尾太一・峯陽一 訳
- デモクラシーの整理法　空井護
- 地方の論理　小磯修二
- SDGs　南博・稲場雅紀
- 暴君　スティーブン・グリーンブラット／河合祥一郎 訳
- ドキュメント 強権の経済政策　軽部謙介
- リベラル・デモクラシーの現在　樋口陽一
- 民主主義は終わるのか　山口二郎
- 女性のいない民主主義　前田健太郎
- 平成の終焉　原武史
- 日米安保体制史　吉次公介
- 官僚たちのアベノミクス　軽部謙介
- 在日米軍 変貌する日米安保体制　梅林宏道
- 矢内原忠雄 戦争と知識人の使命　赤江達也
- 憲法改正とは何だろうか　高見勝利
- 共生保障〈支え合い〉の戦略　宮本太郎
- シルバー・デモクラシー 戦後世代の覚悟と責任　寺島実郎
- 憲法と政治　青井未帆
- 18歳からの民主主義◆　岩波新書編集部 編
- 検証 安倍イズム　柿崎明二
- 右傾化する日本政治　中野晃一
- 外交ドキュメント 歴史認識◆　服部龍二
- 日米〈核〉同盟 原爆、核の傘、フクシマ　太田昌克
- 集団的自衛権と安全保障　豊下楢彦・古関彰一
- 日本は戦争をするのか　半田滋
- アジア力の世紀　進藤榮一
- 民族紛争　月村太郎
- 自治体のエネルギー戦略　大野輝之
- 政治的思考　杉田敦
- 現代日本の政党デモクラシー　中北浩爾
- サイバー時代の戦争　谷口長世
- 現代中国の政治　唐亮
- 政権交代とは何だったのか◆　山口二郎
- 日本の国会　大山礼子
- 戦後政治史〔第三版〕　石川真澄・山口二郎
- 〈私〉時代のデモクラシー　宇野重規
- 大臣〔増補版〕　菅直人
- 生活保障 排除しない社会へ　宮本太郎
- 「戦地」派遣 変わる自衛隊　半田滋
- 民族とネイション　塩川伸明
- 昭和天皇　原武史
- 集団的自衛権とは何か　豊下楢彦
- 沖縄密約　西山太吉
- 吉田茂　原彬久
- 市民の政治学◆　篠原一
- 東京都政　佐々木信夫
- 有事法制批判　憲法再生フォーラム 編

岩波新書より

法律

少年法入門	廣瀬健二
倒産法入門	伊藤眞
国際人権入門	申惠丰
AIの時代と法	小塚荘一郎
労働法入門〔新版〕	水町勇一郎
アメリカ人のみた日本の死刑	デイビッド・T・ジョンソン 笹倉香奈訳
虚偽自白を読み解く	浜田寿美男
親権と子ども	榊原富士子 池田清貴
裁判の非情と人情	原田國男
独占禁止法〔新版〕	村上政博
密着 最高裁のしごと	川名壮志
「法の支配」とは何か 行政法入門	大浜啓吉
会社法入門〔新版〕	神田秀樹
憲法への招待〔新版〕	渋谷秀樹
比較のなかの改憲論	辻村みよ子
大災害と法	津久井進
変革期の地方自治法	兼子仁
原発訴訟	海渡雄一
民法改正を考える◆	大村敦志
労働法入門◆	水町勇一郎
人が人を裁くということ	小坂井敏晶
知的財産法入門	小泉直樹
消費者の権利〔新版〕	正田彬
司法官僚 裁判所の権力者たち	新藤宗幸
名誉毀損	山田隆司
刑法入門	山口厚
家族と法	二宮周平
会社法入門◆	神田秀樹
憲法とは何か	長谷部恭男
良心の自由と子どもたち	西原博史
著作権の考え方	岡本薫
法とは何か〔新版〕	渡辺洋三
日本の憲法〔第三版〕	長谷川正安
憲法と天皇制	横田耕一
自由と国家	樋口陽一
憲法第九条	小林直樹
日本人の法意識	川島武宜
憲法講話◆	宮沢俊義

(2021.10)　◆は品切，電子書籍版あり．(B)

岩波新書より

経済

日本経済図説〔第五版〕　宮崎勇・本庄真・田谷禎三
好循環のまちづくり！　枝廣淳子
グローバル・タックス　諸富徹
世界経済図説〔第四版〕　宮崎勇・田谷禎三
日本経済30年史 バブルからアベノミクスまで　山家悠紀夫
行動経済学の使い方　大竹文雄
日本のマクロ経済政策　熊倉正修
ゲーム理論入門の入門　鎌田雄一郎
平成経済 衰退の本質　金子勝
幸福の増税論　井手英策
日本の税金〔第3版〕　三木義一
戦争体験と経営者　立石泰則
金融政策に未来はあるか　岩村充
データサイエンス入門　竹村彰通
経済数学入門の入門　田中久稔
地元経済を創りなおす　枝廣淳子

会計学の誕生　渡邉泉
偽りの経済政策　服部茂幸
ミクロ経済学入門の入門　坂井豊貴
経済学のすすめ　佐和隆光
ガルブレイス　伊東光晴
ユーロ危機とギリシャ反乱　田中素香
ポスト資本主義 科学・人間・社会の未来　広井良典
日本の納税者◆　三木義一
タックス・イーター　志賀櫻
コーポレート・ガバナンス◆　花崎正晴
グローバル経済史入門　杉山伸也
アベノミクスの終焉◆　服部茂幸
新・世界経済入門　西川潤
金融政策入門　湯本雅士
日本経済図説〔第四版〕　宮崎勇・本庄真・田谷禎三
新自由主義の帰結　服部茂幸
タックス・ヘイブン　志賀櫻
WTO 貿易自由化を超えて　中川淳司

日本財政 転換の指針　井手英策
成熟社会の経済学　小野善康
平成不況の本質　大瀧雅之
原発のコスト　大島堅一
次世代インターネットの経済学　依田高典
ユーロ 危機の中の統一通貨　田中素香
低炭素経済への道　諸富徹・浅岡美恵
「分かち合い」の経済学　神野直彦
グリーン資本主義　佐和隆光
消費税をどうするか　小此木潔
国際金融入門〔新版〕　岩田規久男
ビジネス・インサイト◆　石井淳蔵
金融商品とどうつき合うか　新保恵志
金融NPO　藤井良広
地域再生の条件　本間義人
経済データの読み方〔新版〕　鈴木正俊
格差社会 何が問題なのか　橘木俊詔

(2021.10)　◆は品切，電子書籍版あり．　(C1)

岩波新書より

社会

ジョブ型雇用社会とは何か　濱口桂一郎
法医学者の使命「人の死を生かす」ために　吉田謙一
異文化コミュニケーション学　鳥飼玖美子
モダン語の世界へ　山室信一
時代を撃つノンフィクション100　佐高信
労働組合とは何か　木下武男
プライバシーという権利　宮下紘
地域衰退　宮﨑雅人
江戸問答　田中優子・松岡正剛
広島平和記念資料館は問いかける　志賀賢治
コロナ後の世界を生きる　村上陽一郎編
リスクの正体　神里達博
紫外線の社会史　金凡性
「勤労青年」の教養文化史　福間良明

5G 次世代移動通信規格の可能性　森川博之
客室乗務員の誕生　山口誠
「孤独な育児」のない社会へ　榊原智子
放送の自由　川端和治
社会保障再考〈地域〉で支える　菊池馨実
生きのびるマンション　山岡淳一郎
虐待死 なぜ起きるのか、どう防ぐか　川崎二三彦
平成時代　吉見俊哉
バブル経済事件の深層　奥山俊宏・村山治
日本をどのような国にするか　丹羽宇一郎
なぜ働き続けられない？社会と自分の力学　鹿嶋敬
物流危機は終わらない　首藤若菜
認知症フレンドリー社会　徳田雄人
アナキズム 一丸となってバラバラに生きろ　栗原康
まちづくり都市 金沢　山出保
総介護社会　小竹雅子
賢い患者　山口育子

住まいで「老活」　安楽玲子
現代社会はどこに向かうか　見田宗介
EVと自動運転 クルマをどう変えるか　鶴原吉郎
ルポ 保育格差　小林美希
棋士とAI　王銘琬
科学者と軍事研究　池内了
原子力規制委員会　新藤宗幸
東電原発裁判　添田孝史
日本問答　田中優子・松岡正剛
日本の無戸籍者　井戸まさえ
〈ひとり死〉時代のお葬式とお墓　小谷みどり
町を住みこなす　大月敏雄
歩く、見る、聞く人びとの自然再生　宮内泰介
対話する社会へ　暉峻淑子
悩みいろいろ　金子勝
魚と日本人 食と職の経済学　濱田武士
ルポ 貧困女子　飯島裕子

岩波新書/最新刊から

1913 **政治責任** ──民主主義とのつき合い方 鵜飼健史 著
「政治に無責任はつきものだ」という諦念と政治不信が渦巻く中、現代社会における政治責任をめぐるもどかしさの根源を究明する。

1914 **土地は誰のものか** ──人口減少時代の所有と利用── 五十嵐敬喜 著
空き地・空き家問題は解決可能か。外国の制度も参照し、都市計画との連動や「現代総有」の考え方から土地政策を根本的に再考する。

1915 **検証 政治改革** なぜ劣化を招いたのか 川上高志 著
平成期の政治改革は当初期待された効果を上げず、副作用ばかり目につくようになった。なぜこうなったのか。新しい政治改革を提言。

1916 **東京大空襲の戦後史** 栗原俊雄 著
苦難の戦後を生きざるを得なかった東京大空襲の被害者たち。彼ら彼女らの闘いの跡をたどり、「戦後」とは何であったのかを問う。

1917 **世界史の考え方** シリーズ 歴史総合を学ぶ① 小川幸司・成田龍一 編
世界史の歴史家たちと近現代史の名著を紐解き、近現代史の歴史像を考える歴史対話を試みる。高校の新科目が現代の教養に代わる。

1920 **タリバン台頭** ──混迷のアフガニスタン現代史── 青木健太 著
なぜ「テロとの戦い」の「敵」だったタリバンによる政権掌握が支持されたのか。タリバンは変わったのか。現代世界の矛盾を解く。

1921 **ドキュメント〈アメリカ世《ゆー》〉の沖縄** 宮城修 著
施政権返還から五〇年。「沖縄戦後新聞」をもとに、日米琉の視点と三人の政治家の歩みを重ねてたどる、〝もう一つの現代史〟。

1922 **人新世の科学** ──ニュー・エコロジーがひらく地平── オズワルド・シュミッツ 著 日浦勉 訳
社会経済のレジリエンスを高めるには、人間と自然を一体として捉えなければならない。自然の思慮深い管財人となるための必読書。

(2022. 4)